Thomas Steensen

Kleines Husum-ABC

Fotografien von Günter Pump

Husum

Als Anfang: etwas Geschichte

Was ist das Besondere an Husum? Was unterscheidet die Stadt von allen anderen auf der Welt? Für Theodor →*Storm* war sie „die Stadt" schlechthin, so zumindest lautet der Titel seines berühmten Gedichts.

Husum liegt an der Nordsee, und das spürt man überall. Wenn man durch die Straßen geht, hört man zwar kaum einmal das Meer brausen, wie Storm es nahelegt („und durch die Stille braust das Meer"), aber man hat überall die frische, salzige Nordseeluft in der Nase und das Geschrei der Möwen im Ohr. Mitten in der Stadt beginnt das Meer. Der →*Hafen* folgt dem Rhythmus von Ebbe und Flut.

Überall wandelt man auf den Spuren der Geschichte. Das gilt gewiss für jeden Ort. Aber außergewöhnlich ist die Vielfalt auf kleinem Raum. Hier mischten sich im Laufe eines Jahrtausends friesische, dänische, niederländische, deutsche Einflüsse und formten ein ganz eigenes, historisch gewachsenes Gesamtbild. Altes und Neues, Graues und Buntes fügen sich ineinander.

Im Storm-Haus

Und dann ist da eben Theodor Storm. Auf Schritt und Tritt begegnet man Motiven seiner Novellen und seiner Gedichte. Kaum eine andere Stadt ist so eng mit dem Leben und dem Werk ei-

nes Dichters verbunden wie Husum mit dem Storms. „Doch hängt mein ganzes Herz an dir, du graue Stadt am Meer."
Schon in der Steinzeit, vor zehntausend Jahren zog es Menschen in das heute von der Husumer →*Mühlenau* durchflossene Tal. Als 1867 der Mühlenteich trockengelegt wurde, stieß man auf Zeugnisse der frühesten Husumer – die diese Bezeichnung aber gewiss noch nicht kannten. Der Ortsname Husum kann unspektakulärer nicht sein. Er bedeutet so viel wie „zu den Häusern". Der Humanist Heinrich Rantzau erklärt in seiner Beschreibung Cimbriens 1597 mit einer Sage als Erster die Anfänge des Ortes: „Ursprünglich wurde Husum nach drei Händlern, die dort in drei abseits gelegenen Häusern wohnten und in der Nachbarschaft ihren Lebensunterhalt erwarben, zu den drei Häusern genannt. Nachdem später aber mehr Häuser dazugekommen waren, erhielt die Siedlung den Namen Husum."
Häufig ist zu lesen, dass die Ortschaft im Zusammenhang mit der Tötung des dänischen Königs Abel durch Friesen 1252 erstmals erwähnt worden sei. Bei der dort genannten Husum-Brücke handelt es sich jedoch um eine spätere Zutat. Der Ortsname Huzem wird tatsächlich erst 1409 schriftlich niedergelegt. In der um 1640 entstandenen „Chronica der Stadt Husum" heißt es, die Einwohner seien dreierlei Nation, nämlich →*Dänen*, →*Friesen* und Sachsen. Das berühmte friesische Salz dürfte als Handelsgut eine wichtige Rolle gespielt haben.
Husum liegt an der Südwestecke der Schleswigschen Geest; im heutigen Stadtteil →*Schobüll* reicht dieses sandige Land sogar bis an die Nordsee heran. Auf der Geest verlief der westliche „Ochsenweg". Schon früh dürfte es in Husum einen →*Viehmarkt* gegeben haben. Alte Verbindungen bestehen mit den Städten Flensburg und Schleswig an der Ostseeküste. Der Aufstieg begann Ende des 14. Jahrhunderts nach der →*Sturmflut* von 1362 mit dem Untergang des Handelsortes Rungholt. Die damalige großflächige Umgestaltung der Küste öffnete einen Zugang zur offenen See. Der Ort stand zunächst im Schatten des Kirchdorfs Mildstedt. 1431 wurde den Einwohnern der Dörfer „Osterhusem vnde Westerhusem" der Bau einer Kapelle erlaubt. 1448 erhielt Husum

weitgehend seine kirchliche Selbstständigkeit. In der Ortsmitte ragte bald der zeitweise 95 Meter hohe Turm der gotischen →*Marienkirche* auf. Wenige Jahre nach Luthers Auftreten wurde hier bereits im Sinne des Reformators gepredigt.

Seit 1465 war Husum „Flecken". Er zog Kaufleute und Handwerker aus zum Teil weit entfernten deutschen Landschaften an. Selbst die Hansestadt Hamburg blickte argwöhnisch auf den aufstrebenden Konkurrenten und empfahl sogar, Husum an vier Ecken anzuzünden. Alles deutete darauf hin, dass in Kürze die Stadtrechte folgen würden. Doch 1472 beteiligten sich die Husumer an einem Aufstand gegen den dänischen König Christian I., der seit 1460 auch Herzog von Schleswig war. Nach der blutigen Niederschlagung mussten sie mit einer „Rebellensteuer" büßen.

Dennoch setzte sich der Aufstieg fort. Das endende Mittelalter sowie das 16. Jahrhundert brachten Husum seine erste Blütezeit. Der Handel insbesondere mit Vieh und Getreide aus den fruchtbaren friesischen Marschen florierte. Der Ort gehörte jetzt zum Herrschaftsgebiet der Gottorfer →*Herzöge*. In den Jahren 1577–82 entstand das →*Schloss vor Husum*. Glanz entfaltete es im 17. Jahrhundert, als hier die Witwen zweier Herzöge residierten.

Im Jahr 1603 hatte Husum auch nominell Stadtrechte erhalten. Mit etwa 5000 Einwohnern bildete es eine der bedeutenden Städte in Schleswig-Holstein. Doch der Höhepunkt war schon überschritten. Kriege, Konflikte und eine Katastrophe brachten Rückschläge. 1603 brach eine Pestepidemie aus. Im Dreißigjährigen Krieg litt die junge Stadt schwer. 1634 vernichtete eine Sturmflut die in der Husumer Bucht gelegene reiche Insel Alt-Nordstrand. Religiöse Auseinandersetzungen, politische und soziale Gegensätze prägten das 17. Jahrhundert. Die krisenhafte Entwicklung dauerte bis zum Nordischen Krieg. 1721 endete die Herrschaft der Gottorfer Herzöge. Als Teil des dänischen Gesamtstaats lebte Husum sodann recht beschaulich in der „Ruhe des Nordens". Einen Einschnitt bedeutete 1807/08 der Abbruch der das Stadtbild bestimmenden Marienkirche. Schon lange war der einst bedeutende Ort von anderen Städten Schleswig-Holsteins überflü-

gelt worden. 1769 wurden nur 3384 Einwohner gezählt.
Die Husumer Bürger nahmen Anteil an den nationalen und liberalen Bestrebungen des 19. Jahrhunderts. 1864 ist auch für Husum ein Epochenjahr. Die jahrhundertelange Verbindung mit Dänemark endete. Viele hofften auf einen eigenständigen deutschen Bundesstaat Schleswig-Holstein – vergeblich. Bismarck ließ die „Up-ewich-Ungedeelten" 1866 „Muss-Preußen" werden. Im Deutschen Kaiserreich erlebte Husum seine zweite Blütezeit. Die Einwohnerzahl wuchs zwischen 1864 und 1914 von knapp 5000 auf fast 10 000. Auch die Zahl der Straßen verdoppelte sich. Der Viehmarkt erhielt ein großes Gelände im Norden der Stadt. Rinder und Schafe wurden bald zu Tausenden mit der →*Eisenbahn* in die Großstädte und entstehenden industriellen Zentren befördert.
In der Weimarer Republik zeigte sich wieder die Wechselwirkung zwischen den Entwicklungen im Umland und in der Stadt. Unzufriedene Bauern demonstrierten in Husum. Die Nationalsozialisten fanden viel Anhang. Husum wurde Standort der „Wehrmacht". Fünf Kilometer entfernt, im KZ Schwesing, waren im Herbst 1944 etwa 2500 Häftlinge eingesperrt. Sie mussten am militärisch sinnlosen „Friesenwall" arbeiten.
In der Folge des Zweiten Weltkriegs kamen Flüchtlinge und Vertriebene aus dem Osten nach Husum. Die Einwohnerzahl wuchs auf über 25 000; zu Beginn des Zweiten Weltkriegs waren es 14 200 gewesen. Die zentrale Bedeutung für ein weites Umland wurde 1970 unterstrichen: Husum ist seitdem die Kreisstadt des neu gebildeten Kreises Nordfriesland.
Bunte Vielfalt prägt am Beginn des 21. Jahrhunderts die „graue Stadt", zu deren Tradition Eigeninitiative, bürgerschaftliches Engagement und Liberalität gehören. Vielfältig zeigt sich auch das Geschäftsleben. Zwar gibt es hier die Filialen der großen Ketten, wie man sie aus jeder Stadt kennt, aber auch viele individuelle „Husumsche" Läden. Die 22 000 Einwohner und ihre vielen Gäste aus nah und fern erleben ganz offenbar die dritte Blütezeit Husums. Wie lange wird sie andauern?

Gullydeckel mit dem Husumer Stadtwappen

Altstadt-Rundgang

Dieser Rundgang führt in knapp zwei Stunden zu wichtigen Sehenswürdigkeiten der Stadt. Zugleich vermittelt er die ganz unvergleichliche Husum-Stimmung.

Der Spaziergang beginnt am Sturmflut-Pfahl am Binnenhafen. Hier sind die – zum Teil geschätzten – Wasserstände der schwersten →*Sturmfluten* markiert, die für Husum grundlegende Bedeutung hatten. Auf dem Gelände der früheren Schiffswerft liegt das neue →*Rathaus*. An der Schiffbrücke entlang, wo früher die Schiffe entladen wurden, gehen wir zur Hafenstraße und blicken auf die →*Eisenbahn*- und die Straßenbrücke, die manchmal hochgeklappt werden, um Schiffen die Durchfahrt zu ermöglichen. Sie teilen den →*Hafen* in den Binnen- und den Außenhafen. An der Hafenstraße 17 passieren wir einen der für den Handel früher so wichtigen Speicher; heute spielt er für das Husumer →*Kulturleben* eine große Rolle. An der Kleikuhle erhebt

Hohle Gasse 4

sich das Zollamt, ein imposanter Klinkerbau von 1929, dessen geschweifter Westgiebel Windlöcher aufweist. Durch den Fußgängertunnel kann man kurz zum Außenhafen hinübergehen und mit Glück →*Krabben* direkt vom Kutter kaufen. Von der Kleikuhle aus folgen wir der Deichstraße und biegen nach rechts in die Kleine Straße, eine verträumte Gasse mit kleinen, teils nur aus einem Raum bestehenden Häusern in der westlichen Altstadt. Nach rechts gehen wir in das Westerende, gelangen wieder an die Kleikuhle und biegen nach links in die →*Wasserreihe* mit mehreren für Husum typischen Kaufmannshäusern und dem →*Storm-Zentrum*. An der Schiffbrücke spazieren wir nach links in die Hohle Gasse, in der Theodor Storm seine Kindheit und Jugend verbrachte (Nr. 3). Das gegenüberliegende Haus mit Zahlenankern 1712 weist eine schöne Haustür auf. An der Einmündung der für Husum zentralen →*Großstraße* schließt sich die gar nicht mehr so neue →*Neustadt* an. Das Doppelhaus Neustadt 56 ist ebenfalls eine →*Storm-Stätte*. An dem großen Brauhaus und Storm-Hotel, erbaut 1907 als Schleswig-Holsteinische Bank, kann

Brauhaus, Neustadt 60–64

man einen Abstecher zu dem sehenswerten Neustädter →*Friedhof* mit seinen →*Denkmälern* einlegen; dahinter liegen das →*Ostenfelder Bauernhaus* und das ebenfalls reetgedeckte Wold-

Im Schlossgang

sensche Witwenstift. Gegenüber dem Brauhaus gelangen wir über die Schlossstraße zum Gelände des →*Schlosses* vor Husum. Der Schlosspark mit dem Storm-Denkmal zieht zur Zeit der →*Krokusblüte* Tausende Menschen an. Neben dem Park liegt an der Ecke Asmussenstraße/Erichsenweg der große Backsteinbau der Bürgerschule, in der Generationen von Husumern die Schulbank drückten. Wir folgen aber dem in den 1980er-Jahren gestalteten Schlossgang, eine an überlieferten Formen ausgerichtete Fußgängerstraße mit Wohnungen und kleinen Geschäften, die sich in der Mitte zu einem kleinen Platz erweitert. Am Ende des Ganges wurde bis in die 1960er-Jahre das beliebte Husumer Bier gebraut, doch wurde die Brauerei nach Flensburg verkauft und 1979 abgerissen. Durch einen Torbogen am alten →*Rathaus* gelangen wir auf den →*Markt* mit der →*Marienkirche* und Husums Wahrzeichen, der →*Tine*. Wir überqueren den Platz. An der Ecke des Markts zur Roten Pforte lädt in der wärmeren Jahreszeit seit 1956 die älteste italienische Eisdiele der Region zu einer Rast ein; der Straßenname erinnert daran, dass sich hier einst ein mit einer Pforte verschließbarer privater Weg befand. Am Beginn der →*Süderstraße* erhebt sich vor dem alten Gymnasium eine nach dem Deutsch-Französischen Krieg 1870/71 gepflanzte „Friedenseiche". In der Süderstraße 12 empfing Theodor Storm seinen Dichterfreund Theodor Fontane, der sich allerdings über dessen →*„Husumerei"* ärgerte. Das Haus Süderstraße 42 wurde um 1586 für die Schützengilde erbaut; hier

Die „Klosterkirche" ist Husums ältestes Gotteshaus.

spielt Storms Novelle →*„Pole Poppenspäler"*. Wir folgen der Süderstraße bis zum Handwerkerhaus (Nr. 97). Der kleine Weg links vor dem Gebäude führt uns auf Husums ältesten Friedhof Sankt Jürgen mit Storms Grab. Durch die zweiflügelige Tür im Osterende 18 betreten wir den idyllischen Hof des →*„Klosters"* und werfen einen Blick in Husums älteste Kirche. Über die →*Norderstraße* mit einigen alten Geschäftshäusern spazieren wir zurück zum Markt, überqueren ihn und gelangen durch die Krämerstraße – in der, wie der Name sagt, Händler ansässig waren und sind – zurück zu unserem Ausgangspunkt am Hafen.

Baugeschichte

Ein Spaziergang durch Husum führt durch die Baugeschichte eines halben Jahrtausends. Vor allem durch die Forschungen und Publikationen des Husum-Kenners Ulf v. Hielmcrone sind wir darüber gut unterrichtet. Er hat großen Anteil daran, dass in Husum viel von dem gewachsenen Stadtbild bewahrt werden konnte. Am selben Strang zogen die 1977 gegründete Stiftung zur Erhaltung des Husumer Stadtbildes und die 1980 gebildete Interessengemeinschaft Baupflege des Nordfriesischen Instituts.

Herrenhaus am Markt

Die ältesten Gebäude wie das Herrenhaus am →*Markt* oder das Wernersche Haus in der →*Großstraße* enthalten Elemente der Gotik und sind bereits von der Renaissance beeinflusst. Solche Kaufmannshäuser prägten bis ins 19. Jahrhundert die Husumer Altstadt, ganz wie noch heute in Lübeck oder Lüneburg, doch sind nur wenige erhalten. Im Erdgeschoss befanden sich das Kontor und eine große Diele, in der die Waren vorgehalten wurden. Über eine Galerie gelangte man in die oben gelegenen Wohnräume. Auf dem Dachboden lagerte man weitere Waren. Am →*Hafen* und in der →*Wasserreihe* sind Kaufmannshäuser und Speicher zu sehen, wie sie die Hafenstadt Husum prägten. Typisch für kleinere Gewerbetreibende waren die einstöckigen Giebelhäuser. Manchmal weisen sie „Utluchten“

auf, die als ebenerdige Erker in die Straße vorragen und den Bewohnern Ausblicke erlauben, so in der Wasserreihe. Bescheidene, zumeist traufständige Häuser für kleine Handwerker, Höker und Arbeiter stehen etwa im Osterende, in der →*Süderstraße* oder in der westlichen Altstadt.

Husum wurde in der frühen Neuzeit stark durch seine Verbindungen mit den Niederlanden beeinflusst. Insbesondere das →*Schloss* entstand im Stil der dortigen Renaissance. Von dieser niederländischen „Periode" ist indes nicht viel geblieben. Das Schloss wurde später im barocken Sinne umgestaltet. Auch das alte →*Rathaus* erhielt ein anderes Aussehen.

Den größten Verlust der Husumer Baugeschichte bildet der Abriss der gotischen →*Marienkirche* 1807/08. Doch mit dem Nachfolgebau von 1833 hat die Stadt ein bedeutendes Werk des Klassizismus aufzuweisen, der dem dänischen Gesamtstaat sein architektonisches Gepräge gab. Preußen hingegen bevorzugte den ganz gegensätzlich anmutenden, aus Großbritannien kommenden neugotischen Stil. Schon kurz nach der Einverleibung Schleswig-Holsteins entstand in diesem Sinne das auf Repräsentation abzielende Königliche Gymnasium. In einer Entfernung von wenigen Metern ist also in Husum der Widerstreit zwischen dänischer und preußischer Auffassung eindrücklich

Mit der Marienkirche besitzt die Stadt ein bedeutendes klassizistisches Bauwerk.

zu erkennen. Auch die neue Fassade des →*„Klosters"* und das Kaiserliche Postamt in der Großstraße wurden im Stil der Neugotik erbaut. Dem Rathaus hingegen gab man nach Plänen des Husumers Friedrich Thomsen eine

Fassade des Klosters im neugotischen Stil

historisierende Fassade im Sinne der Neorenaissance. In diesem Stil entstand 1905 nach Plänen von Paul Thoemer auch das Amtsgericht in der Theodor-Storm-Straße 5. Aufgrund der wirtschaftlichen Blüte konnte großzügig gebaut werden. Allerdings waren auch Maßstabsbrüche und eine übertriebene, laute Formensprache bezeichnend für den „Pioniergeist" des Kaiserreichs. Manche Gebäude passten sich nicht in die gewachsene feingliedrige Bebauung ein, wie zum Beispiel am Haus →*Norderstraße* 1 zu erkennen ist. Eine Gegenbewegung bildete die Architektur des „Heimatschutzes". Ein schönes Beispiel gibt das Landhaus Gehlsen in der Adolf-Menge-Straße 22.

Auch in den verschiedenen Straßentypen spiegelt sich die Vergangenheit. In der westlichen Altstadt, zum Beispiel in der typischen Langenharmstraße, herrscht enge Bebauung vor, denn hier am Rande der Geest zur Marsch hin war der Platz knapp. In den östlichen Straßenzügen finden sich zwar auch die vielen kleinen Häuser, aber zugleich großzügig angelegte Wohngebäude. Die um 1900 angelegte Gurlittstraße prägen großstädtisch anmutende mehrstöckige Mietshäuser. Ansehnliche Villen entstanden insbesondere während des Kaiserreichs etwa im Mönkeweg, in der Adolf-Menge-Straße, der Woldsenstraße, der Asmussenstraße, der Parkstraße (ehemals Elisenweg) und am Damm. Hier wohnte vor allem das gut situierte Bürgertum wie hohe Beamte, Geschäftsleute, Ärzte, aber auch reiche Bauern. „Viele wohlhabende Hofbesitzer der Marschen verleben hier den Rest ihrer Tage in dolce far niente“, schrieb 1897 die Kieler Zeitung; Husum sei das „Eutin des Westens“ geworden. In der Form eines offenen Boulevards legte man 1911 die neue Straße zum Bahnhof an. Die Geschichte der →*Eisenbahn* seit 1854 spiegelt sich in Husum in drei erhaltenen Bahnhöfen.

Aus der Zeit zwischen den Weltkriegen seien vier schöne Rotsteingebäude genannt: das frühere Bahnbetriebsamt in der Danckwerthstraße 16, das Zollamt an der Kleikuhle sowie das Finanzamt und das →*Nissenhaus* in der Herzog-Adolf-Straße. Neu angelegt wurde damals zum Beispiel die Klaus-Groth-Straße mit kleinen Wohnhäusern. Von den Notjahren nach dem Zweiten

Klassizistische Villa in der Asmussenstraße 15, erbaut um 1870

Weltkrieg künden noch einige „Nissenhütten“ mit halbrundem Dach aus Wellblech im Stadtteil Dreimühlen. Das in den 1950er Jahren beginnende „Wirtschaftswunder“ sorgte für eine „Modernisierung“. Husums historisches Stadtbild konnte trotz schmerzlicher Verluste bewahrt werden. Als markante Bauten des letzten halben Jahrhunderts seien genannt das →*Kreishaus*, das neue Rathaus und das Nordsee-Congress-Centrum. Wohngebiete am Stadtrand entstanden. Das wirtschaftliche Leben hat sich seit 1967 mehr und mehr in „Gewerbegebiete“ verlagert, was der Innenstadt Einbußen brachte.

Dänen

Bis 1864 war Husum mit Dänemark verbunden. Manches erinnert an die „dänische Zeit", so mehrere Bauten im Stil des nordeuropäischen Klassizismus. An der Zingelschleuse am Binnenhafen sind eine Krone, die Initialen F VII für Friedrich VII. von Dänemark und die Jahreszahl 1858 zu erkennen. 1523 wurde in Husum sogar ein dänischer König „gemacht": Die Stände hatten sich gegen den bisherigen Monarchen Christian II. erhoben. Sie trugen nun Friedrich I., →*Herzog* von Schleswig, die Königskrone an. Friedrich hielt sich damals in Husum auf, das für ihn wie eine zweite Heimat war. Ihm werden hier sogar uneheliche Töchter zugeschrieben. Er wurde in bewegter Zeit Dänemarks König und blieb Husums Gönner. Sein Sohn Adolf, erster Gottorfer Herzog, ließ hier sodann das →*Schloss* erbauen. Nach dem Ende der Gottorfer im Herzogtum Schleswig 1721 gehörte Husum zum dänischen Gesamtstaat. Die Residenz in Kopenhagen war weit weg. Doch ab und zu gaben Könige der Stadt die Ehre. Friedrich V. widmete insbesondere der Umgestaltung des Schlosses 1751/52 viel Aufmerksamkeit.

Als sich im 19. Jahrhundert der nationale Gedanke ausbreitete, schloss sich das Husumer Bürgertum größtenteils den deutschen Schleswig-Holsteinern an. Erst viel später entstand hier eine dänische Minderheit. In der Zeit des

Dänische Schule in der Klaus-Groth-Straße

Nationalsozialismus wandten sich manche Gegner des Regimes von Deutschland ab. Nach dem Zweiten Weltkrieg hofften viele auf eine bessere Zukunft bei Dänemark, das als sozialer, demokratischer und friedliebender Staat gesehen wurde. 1947 entfielen in Husum 34,8% auf prodänische Kandidaten, die wohl fast von einer Mehrheit der einheimischen Bevölkerung getragen wurden. Mit der Gründung und Konsolidierung der Bundesrepublik nahm die dänische Bewegung ab. Die zeitweise heftig geführte nationalpolitische Auseinandersetzung beruhigte sich und ging in ein friedliches Nebeneinander, häufig in ein Miteinander über. Heute wird die Existenz der dänischen Minderheit als Bereicherung empfunden. Sie unterhält in Husum insbesondere eine eigene, 1948 gegründete Schule, einen Kindergarten, eine Kirche – errichtet 1991 nach Plänen des dänischen Architekten Alan Havsteen-Mikkelsen – und eine Bibliothek. Als Kulturzentrum dient das 1975 eröffnete Husumhus auf der →*Neustadt*, geplant von dem Kopenhagener Architekten Karsten Rønnow. Der Südschleswigsche Wählerverband (SSW) wirkt an der Kommunalpolitik mit; bei der Wahl 2013 erzielte er 8,8 % der Stimmen.

Denkmäler

Das bekannteste Denkmal Husums ist die →*Tine* mitten auf dem Marktplatz. Es wurde 1902 geschaffen von dem aus Husum stammenden Bildhauer Adolf Brütt. Bereits 1898 hatte man im Schlossgarten ein ebenfalls von Brütt gestaltetes Denkmal für Theodor →*Storm* eingeweiht, den man schon damals als bedeutendsten Sohn der Stadt ansah. Die Festrede hielt der in Husum aufgewachsene Soziologe Ferdinand Tönnies, der dem Dichter als Schüler am Gymnasium bei Schreibarbeiten geholfen hatte. An ihn erinnert wenige Schritte entfernt vor dem Eingangsportal ein 2005 von dem Bildhauer Raimund Kittl gestaltetes Denkmal.

Der Schlossgarten weist noch weitere Stätten der Erinnerung auf. Für die acht im Deutsch-Französischen Krieg 1870/71 gefallenen Husumer und 17 weitere gestorbene Soldaten aus den umliegenden Dörfern ließ die Husumer Kampfgenossenschaft 1882 einen Granitobelisk mit Bronzeadler errichten. Er trägt im Geist der Zeit die Inschrift: „Dem Vaterland bis in den Tod getreu, gewannet Ihr des ewgen

Trauernde Frau im Schlosspark

Lebens Krone." Nicht Glorifizierung, sondern Nachdenklichkeit prägt das Denkmal für die Toten des Ersten Weltkriegs, geschaffen 1923 von Heinrich Mißfeldt; eine trauernde Frau als Zentralfigur legt ihre Hand auf einen Stahlhelm. Ein Mahnmal für die Opfer aller Kriege schufen 1963 Siegfried Assmann und Hans-Jochem Feddersen; auf einem zerborstenen Sockel mit drei zerschundenen Körpern kniet ein Mensch mit gesenktem

Kopf und reckt einen Arm verzweifelt und flehend in die Höhe. An der Hermann-Tast-Schule am Bahndamm wurden Findlinge zum Gedenken an die in den Kriegen gestorbenen Lehrer und Schüler des Gymnasiums aufgestellt. In →*Rödemis* wird in einem großen „Ehrenhain" an Friedrichstraße und Kuhgräsung an die Opfer der Kriege erinnert. Dort hatte man 1913 einen Stein gesetzt, der die Inschrift trägt: „Wilhelm II. regiert in Frieden 25 Jahre." Ein Jahr später begann der Erste Weltkrieg.

Auch auf den Husumer →*Friedhöfen* finden sich Denkmäler. An den schleswigschen Krieg 1848–50 erinnern gleich zwei auf dem Westfriedhof nahe der →*Neustadt*. Der Obelisk für die „bei der heldenmüthigen Vertheidigung von Friedrichstadt im Herbste 1850 gefallenen Dänischen Krieger" wurde bereits am Neujahrstag 1851 eingeweiht. Es empörte viele Husumer, dass nur der dänischen Opfer gedacht wurde. Sofort nach der Loslösung von Dänemark errichtete man wenige Meter entfernt am 24. März 1865 „unseren für Schleswig-Holstein gefallenen Brüdern" einen erhöht stehenden Granitblock. Daneben

Denkmal für gefallene Schleswig-Holsteiner

wurde nach dem Krieg 1870/71 eine „Friedenseiche" gepflanzt.

Erinnerungsmale besonderer Art bilden die über 400 Jahre alten Grenzsteine, die einen Ring um die alte Stadt ziehen und ihre Grenzen zu den ehemals selbstständigen Dörfern Norder- und Osterhusum bezeichneten. Sie tragen auf der einen Seite neben der Jahreszahl 1609 die Initialen IAH für Johann Adolf →*Herzog* und auf der anderen Seite eine Krone sowie

Grenzstein von 1609

die Buchstaben HA für die Herzogin Augusta, denn sie war das „Oberhaupt" des Amtes Husum, zu dem die Nachbardörfer gehörten. Solche Steine stehen zum Beispiel an der Ecke Bredstedter und Schobüller Straße sowie an der Ecke Schleswiger Chaussee und Mühlenweg. Vereinzelt wurden Grenzmarkierungen in den Boden eingelassen, so am Übergang der →*Süderstraße* zur Osterhusumer Straße gegenüber vom Mönkeweg. Auch sonst findet man in der Stadt (deren alte Häuser ja „Denkmäler" der Baugeschichte darstellen) mancherlei kleine Gedächtnismale und Kunstwerke. An der Bürgerschule steht eine Skulptur zum Märchen vom Fischer und seiner Frau. Auf einer Bank ganz in der Nähe sitzt →*„Pole*

„Der Fischer und seine Frau" an der Bürgerschule

Skulptur an der Hafenstraße

Poppenspäler“, geschaffen 1991 von dem Bildhauer Karlheinz Goedtke (1915–1995), der durch den Eulenspiegel-Brunnen in Mölln bekannt wurde. Von ihm stammt z. B. auch die Skulptur „Spielende Möwen“ vor dem Landesbetrieb für Küstenschutz am Bahnhof. Der Schiffskobold „Klabautermann“, 1968 gefertigt von dem Kieler Bildhauer Walter Rössler (1904–1996), begrüßt die Besucher des →*Nissenhauses.* An der →*Neustadt* weisen seit einigen Jahren Kuh-Silhouetten aus Stahl auf die Bedeutung dieser Straße für den einstigen →*Viehmarkt* hin. In der Hafenstraße zieht eine „kinetische Skulptur“, 2003 gefertigt von Hans-Michael Kissel, die Aufmerksamkeit auf sich. 21 „Windhosen“ der Kieler Künstlerin Julia Bornefeld hängen im Sommer am →*Dockkoog* im →*Wind.* Beide Kunstwerke wurden der Stadt wie mehrere andere von der Ede-Sörensen-Stiftung geschenkt, die nach einem Husumer Fischhändler benannt ist.

„Windhosen“ am Dockkoog

Dockkoog

Halb Husum trifft sich an sonnigen Sommertagen an der Dockkoogspitze, und viele Feriengäste, die zum Teil auf dem nahen Campingplatz wohnen, sind auch da. Hier liegt der Husumer Badestrand. Wer einen Sandstrand erwartet, wird enttäuscht. Aber der grüne Strand vor dem Deich hat auch seinen Reiz. Von einem Spaziergang hin zum Dockkoog schwärmte bereits Theodor Storm. Seinem Dichterkollegen Theodor Fontane sandte er am 9. August 1853 eine Ansicht von Husum und schrieb dazu: „… hinter der Stadt liegen die Deiche und das Meer, wohin ich jetzt gleich meinen Spaziergang richten werde. Es ist an Sommeraben-

Badestelle am Dockkoog

Trockendock des Landesbetriebs für Küstenschutz, Nationalpark und Meeresschutz

den, namentlich bei Sonnenuntergang, so schön dort, dass mir, dem hier Geborenen, schwerlich die köstlichste Gegend jemals meine Meeresküste würde ersetzen können."

Wer von dem Husumer Platz Kleikuhle oder dem Außenhafen aus seinen Schritt nach Westen in die zur Stadt gehörige Marsch richtet, gelangt zunächst in den Porrenkoog, der vorwiegend als Weideland für Rinder und Schafe genutzt wird. Als „Nordhusumer Koog" wurde er bereits vor 1495 eingedeicht. Dass sich später der Name Porrenkoog einbürgerte, zeigt wohl an, dass sich die Husumer vorzugsweise hier mit →*Krabben* versorgten, denn „Porren" ist die →*plattdeutsche* Bezeichnung für die wohlschmeckenden kleinen Schalentiere. Links am Weg liegt ein Trockendock von 1877, eines der ältesten überhaupt. Noch immer fahren Schiffe und Schuten des Landesbe-

triebs für Küstenschutz durch ein Tor in das Bassin, das bei Ebbe trockenfällt. Das Tor wird geschlossen, und die Fahrzeuge können repariert oder gewartet werden. In der Nähe entstand 1858 die erste Schleuse. Zeitweise wurden hier Austernbassins betrieben. 1912 errichtete ein Hamburger Ingenieur ein kleines Flutkraftwerk. Er wollte damit beweisen, dass „Ebbe und Flut die Kraftquellen der Zukunft" seien, wie er eine Broschüre betitelte. Das modern anmutende Vorhaben eines großen Flutkraftwerks wurde aber nicht realisiert. Der Tidenhub von 3,20 Metern war wohl zu gering.

Am alten Deich des Porrenkoogs

Im Westen vor dem Porrenkoog wurde 1847/48 der Dockkoog bedeicht. Der alte Porrenkoogsdeich verläuft von der Straße aus nach Norden. In einiger Entfernung zeugt ein Wasserloch, eine „Wehle", von einem frü-

heren Deichbruch. Wir folgen einer Straße nach links, die am →*Sperrwerk* vorbei auf einen Parkplatz führt, und gehen direkt an der Wasserkante oder auf dem Deich des Dockkoogs weiter. Köge wurden in Nordfriesland immer aus Gründen des Küstenschutzes oder der Landgewinnung eingedeicht. Der Dockkoog bildet die einzige Ausnahme, wie schon der Name andeutet. Die dänische Regierung wollte hier einen großen Dockhafen errichten. Als sich 1848 die deutschgesinnten Schleswig-Holsteiner gegen Dänemark erhoben, wurden die Pläne begraben. Die dänische Regierung kürte das Dörfchen Esbjerg zur künftigen Hafenmetropole. Der Dockkoog diente nur noch als Viehweide. Nach der →*Sturmflut* von 1962 wurde der Deich zurückgenommen und die Dockkoogspitze ausgedeicht. Von hier aus bietet sich ein freier Blick auf das Wattenmeer, die Insel Nordstrand und die Halbinsel Eiderstedt. Man kann, wie schon Storm, atemberaubende Sonnenuntergänge genießen – und wunderbar baden, sofern man den Tidenkalender beachtet. Die dortige „Bade-Anstalt" wurde übrigens schon 1860 erwähnt, 1888 entstand die Gaststätte „Erholung", die bei der Sturmflut 1962 zerstört wurde. Der Rückweg bietet besonders schöne Blicke auf die Stadt im Osten und den →*Schobüller* Berg im Norden.

Eisenbahn

Das erste „Dampfross" erreichte Husum am 25. Oktober 1854. Damit begann ein neues Zeitalter. Die erste Eisenbahn der Welt war 1825 in England gefahren, die erste in Deutschland 1835. Husum entwickelte sich bald zu einem Knotenpunkt für das neue Verkehrsmittel und zu einer „Eisenbahner-Stadt" mit bis zu 450 dort Beschäftigten. Die drei im Laufe der Geschichte erbauten Bahnhöfe sind erhalten.

Das älteste Empfangsgebäude, errichtet nach Plänen des Kopenhagener Architekten Gottlieb Bindesbøll, liegt etwas versteckt westlich des heutigen Bahnhofs. Es gehörte zur Linie Flensburg–Husum–Tönning. Diese nach dem dänischen König benannte „Frederik VII. Südschleswigsche Eisenbahn" entstand 1852–54 unter der Leitung des Engländers Samuel Morton Peto. Man sprach deshalb vom „englischen Bahnhof", später vom „Staatsbahnhof" bzw. „Husum A". Die Bahn wurde gebraucht für den im Zeitalter der Industrialisierung stark zunehmenden Viehexport nach Großbritannien, vor allem von Tönning aus, sowie

Der erste Husumer Bahnhof

für den Kohleimport nach Schleswig-Holstein. In Husum fuhr eine Pferdebahn zum →*Hafen*.

Die direkte Verbindung mit dem Süden brachte die am 17. Oktober 1887 eröffnete Marschbahn, die im Norden weiter bis an die damalige dänische Grenze bei Ripen führte. In gut drei Stunden konnte man nun nach Altona fahren. Der aus rotem und gelbem Mauerwerk bestehende, recht imposante „Marschbahnhof" entstand am Ende der Fischerstraße, die bald den Namen Nordbahnhofstraße erhielt. Gegenüber erbaute man das „Bahnhofshotel", heute Sitz der Verlagsgruppe Husum. Das Vieh musste nun nicht mehr durch die ganze Stadt zum

„Staatsbahnhof" getrieben werden. Als Verbindung zum →*Viehmarkt* ließ die Stadt den Treibweg ausbauen.
Am 1. September 1910 wurde die Bahnlinie zwischen Husum und Rendsburg eröffnet. Sie stärkte ebenfalls den Viehhandel. Denn nun bestand eine direkte Verbindung nach Kiel, das sich als kaiserlicher Marinehafen und Werftstandort binnen Kurzem zu einer Großstadt entwickelt hatte. Der erforderlich gewordene größere Bahnhof entstand im Stil der Backsteinarchitektur der Heimatschutzbewegung unmittelbar östlich des ersten von 1854. Die Erhöhung des Bahndamms ermöglichte eine Unterführung der Straße nach →*Rödemis*. Bis dahin hatte sich der Verkehr an der lange und häufig geschlossenen Bahnschranke immer wieder gestaut. Östlich des Bahnhofs verband ein Tunnel für Fußgänger Husum mit Rödemis. Der Marschbahnhof blieb zunächst noch als Haltepunkt erhalten und diente vor allem dem Güterverkehr. 1943 wurde er stillgelegt.
Die Städte waren bemüht, die unmittelbare Umgebung der Bahnhöfe einladend und repräsentativ zu gestalten, um Ankommenden einen möglichst günstigen Eindruck zu vermitteln. Husums Hauptbahnhof wurde über eine neue Zuwegung, die Herzog-Adolf-Straße, mit Aubrücke direkt mit der Stadt verbunden. Die neue Brücke von 1989 wurde nach Husums englischer Patenstadt Kidderminster benannt. Wer heute den Bahnhof verlässt, den empfängt ein recht großzügig wirkendes Ensemble. Zur Linken fällt der Blick auf abwechslungsreich gestaltete vierstöckige Wohngebäude, die 1953 nach Plänen des Städtebauers Hans Bernhard Reichow erbaut wurden; zwei stammen bereits von 1911. Das Gegenüber bildet die 1951 nach Entwürfen des Architekten H. Lahme errichtete Kreisberufsschule. Weiter entfernt ragen der mit Windlöchern geschmückte Klinkergiebel des Finanzamtes und, hinter Baumwipfeln, die eigenwillig gestaltete Fassade des →*Nissenhauses* auf.
Wurden auch die Strecke nach Flensburg 1959 und die direkte Linie nach Rendsburg 1974 stillgelegt, so ist Husum dennoch weiterhin ein Knotenpunkt der Eisenbahn. Man kann von hier aus nach St. Peter-Ording und nach Kiel fahren. Die Hauptstrecke Hamburg–Westerland, die einstige „Marschbahn", verläuft auf einer 1977 erbauten imposanten Brücke über den Hafen.

Friedhöfe

Der Friedhof von St. Jürgen, dem →*„Kloster"*, am Osterende wurde zuerst 1448 erwähnt. Er war einst viel größer. Schon seit Langem wird er nicht mehr für Bestattungen genutzt. In der Familiengruft der Woldsens liegt Theodor →*Storm* begraben. Hier finden sich auch die Grabsteine anderer Husumer →*Persönlichkeiten*, zum Beispiel die der Wohltäter Anna Catharina Asmussen und August Friedrich Woldsen sowie des Gründers der früher so bedeutenden Buchhandlung C. F. Delff oder des Reisepredigers Hinrich Hieronymus Sommer.

Auf dem 1573 eingeweihten Westfriedhof nahe der Neustadt stehen u. a. Grabmale für die Eltern Theodor Storms sowie seine jüngste Tochter Gertrud, den Kunstmaler Richard von

Theodor Storms Grab am Osterende

Gurlitt-Grab auf dem Westfriedhof

Hagn und den Dichter-Bürgermeister Emanuel Gurlitt, dieser mit der Aufschrift: „Der Glaube sei dein Segel, / Die Hoffnung dein Magnet, / Die Liebe deine Regel, / Dein Ruder das Gebet. / In deines Schiffleins Mitte / Steh' Christi Kreuz als Mast, / Den halt mit Lob und Bitte / In jedem Sturm umfasst." Gusseiserne Grabkreuze sind Zeugen der früheren Sakralkultur. An der alten Friedhofsmauer am „Totengang" steht eine schöne Lindenreihe. →*Denkmäler* erinnern an den schleswigschen Krieg 1848–50. Die in den 1970er-Jahren drohende Schließung des schönen Friedhofs verhinderte eine Bürgerinitiative.

Mit dem Wachsen der Bevölkerung in der Zeit des Kaiserreichs reichte der Westfriedhof nicht mehr. So wurde 1891 auf zwei Koppeln vor dem Osterende zwischen Flensburger und Schleswiger Chaussee der Ostfriedhof eröffnet. Fünf Jahre später errichtete man nach Plänen von Friedrich Thomsen eine Kapelle im neugotischen Stil, aus der die heutige Christuskirche wurde. Viele Grabsteine sind zugleich Zeugen der Geschichte, etwa die Erinnerungsmale für die Opfer des KZ Husum-Schwesing. In den 1970er-Jahren wurde auf einem Areal zwischen →*Rödemis* und Mildstedt der Südfriedhof angelegt, zu dem seit 2010 ein Bestattungswald gehört. Idyllisch in Nordseenähe liegt der Friedhof in →*Schobüll*, dessen Geschichte bis ins Mittelalter zurückreicht.

Friesen

Beim Bau der Postgarage an der →*Großstraße* fand man 1936 einen „Eitopf" aus dem achten Jahrhundert, den Archäologen als typisch friesisch einordneten. Das heutige Husumer Stadtgebiet wurde demnach wohl schon von den ersten friesischen Einwanderern aufgesucht. In größerer Zahl kamen sie von der südlichen Nordseeküste dann im elften Jahrhundert in das Festlandsgebiet des heutigen Nordfrieslands, das zunächst noch „Klein-Friesland" genannt wurde. Der Handel mit dem berühmten „friesischen Salz" dürfte Husums Aufstieg gefördert haben.
Husum gehört schon lange nicht mehr zum friesischen Sprachgebiet. Aber noch bis ins 20. Jahrhundert hinein reichte dieses bis Schobüll und Hattstedt, also an die Stadttore heran. In der Gegenwart ist in so mancher zugezogenen Familie Friesisch die Umgangssprache. Mit seinem Gymnasium und weiteren wichtigen Einrichtungen strahlte Husum schon früh auf ganz Nordfriesland aus. 1902 wurde in →*Rödemis* der noch heute bestehende Nordfriesische Verein, der erste Heimatverein für ganz Nordfriesland, gegründet.
Manche Persönlichkeiten der friesischen Sprach- und Kulturbewegung lebten und wirkten in Husum, so der von Sylt stammende →*Zeitungsverleger* Christian Peter Christiansen, der die Sylter Inselhymne dichtete, oder der Föhrer Friese Lorenz Conrad Peters, der in Husum als Studienrat tätig war und zu den wichtigsten nordfriesischen Schriftstellern zählt. Mittlerweile ist die Sprache sichtbar geworden. Insbesondere die Landesbehörden sind zweisprachig, deutsch und friesisch, beschildert. Der in Husum ansässige Landesbetrieb für Küstenschutz, Nationalpark und Meeresschutz heißt zum Beispiel auf Friesisch: Loonsbedrif fort schööl foon e küst, e siie än e natsjionåålpark. Seit 1970 ist Husum Kreisstadt Nordfrieslands, und auch am →*Kreishaus* wird man auf Friesisch begrüßt. Das wichtigste friesische Fest, das „Biikebrennen", wird jeweils am 21. Februar in →*Schobüll* und am →*Dockkoog* gefeiert. Viermal bildete Husum die Kulisse für den Friesenkongress der Friesen aus Nord-, Ost- und Westfriesland.

Friesische Tradition – das Biikebrennen am 21. Februar

Und wie sah Theodor Storm die Friesen? In einem Brief an Theodor Fontane am 16. Februar 1865 meint er, dass „ihnen eine vorwiegende Intelligenz, eine ernste fast melancholische Sinnigkeit (untergehender Volksstamm – Ebne – Meer) eigen scheint, und sie namentlich ein besondres Talent für mathematische Wissenschaften haben …; einige legen ihnen auch etwas Streitsucht bei." In der Novelle →*„Pole Poppenspäler"* beschreibt er die Hauptfigur: „Paulsen war seiner Abkunft nach ein Friese und der Charakter dieses Volksstammes aufs schönste in seinem Antlitz ausgeprägt; unter dem schlichten blonden Haar die denkende Stirn und die blauen sinnenden Augen; dabei hatte, vom Vater ererbt, seine Stimme noch etwas von dem weichen Gesang seiner Heimatsprache."

Graue Stadt am Meer

Theodor →*Storms* Gedicht „Die Stadt" machte Husum in der Welt der Literatur bekannt. Es wurde in viele Sprachen übertragen. Storm verfasste es 1852 in seinem Haus Neustadt 56 in für ihn schwerer Zeit. Er durfte damals nicht als Rechtsanwalt tätig sein, weil er sich für die Sache der deutschen Schleswig-Holsteiner eingesetzt hatte. Zu Anfang beschreibt er seine Heimatstadt als trist und monoton. Das Wörtchen „doch" bringt die Wende.

DIE STADT

Am grauen Strand, am grauen Meer
Und seitab liegt die Stadt;
Der Nebel drückt die Dächer schwer,
Und durch die Stille braust das Meer
Eintönig um die Stadt.

Es rauscht kein Wald, es schlägt im Mai
Kein Vogel ohn' Unterlass;
Die Wandergans mit hartem Schrei
Nur fliegt in Herbstesnacht vorbei,
Am Strande weht das Gras.

Doch hängt mein ganzes Herz an dir,
Du graue Stadt am Meer;
Der Jugend Zauber für und für
Ruht lächelnd doch auf dir, auf dir,
Du graue Stadt am Meer.

Großstraße

Trichterförmig öffnet sich die Großstraße zum →*Markt*. Sie trägt ihren Namen zu Recht und hat für die Stadt zentrale Bedeutung, zumal der Marktplatz bis zum Abbruch der alten →*Marienkirche* viel kleiner war. Stattliche Kaufmanns- und Bürgerhäuser wie etwa in der Hansestadt Lübeck bestimmten das Straßenbild. Manches davon ist noch heute spürbar. Obwohl die Architektur den unterschiedlichsten Stilepochen angehört, vermittelt die Straße einen in sich geschlossenen Eindruck.
Eines der schönsten und ältesten Gebäude der Stadt ist mit seinem vielfach, wabenartig gegliederten Stufengiebel das um 1570 erbaute Wernersche Haus (Nr. 18), benannt nach einem früheren Besitzer. Die große Weintraube über der Tür erinnert an seine Profession: Er betrieb hier eine Weinhandlung mit Weinlokal. Einem Stadtkämmerer namens Lobedanz gehörte das wohl ebenfalls aus dem ausgehenden 16. Jahrhundert stammende Gebäude Großstraße 30. Ent-

Wernersches Haus, Großstraße 18

Hausmarke Lobedanz, Großstraße 30

sprechend ist auf der Hausmarke außer der Jahreszahl 1740 eine tanzende Gestalt zu erkennen. Die alte Apotheke gegenüber (Nr. 21) mit Zahlenankern 1656 schmückt sich über dem Eingang mit einem hölzernen Schwan, der ihr den Namen gab; auch die Inneneinrichtung ist sehenswert. Aus der Zeit des Kaiserreichs stammt das 1890 im Stil der Neugotik errichtete Postamt. Die Sparkasse nebenan aus den 1970er-Jahren sucht die Formensprache alter Backsteingiebel aufzunehmen. Das gegenüberliegende Gebäude (Nr. 16) wurde 1908 im großstädtischen Kaufhausstil umgebaut.

Zwei Gänge führen von der Großstraße aus zu wichtigen Stätten: Durch die Twiete, wie auf →*Plattdeutsch* ein schmaler Gang genannt wird, gelangt man zum →*Hafen*. Ein Torbogen im →*Rathaus*, von der Hausnummer her das letzte Gebäude der Großstraße, öffnet den Weg zum →*Schloss*.

Apotheke in der Großstraße 21

Husumer Sea Shop

Uhrmacher
Optiker
KUSCHELZEIT

Hafen

Wer sich im Sommer nachmittags in einem Café direkt am Binnenhafen niederlässt und am späten Abend hier vielleicht ein Glas Wein trinken will, der erkennt sofort den Unterschied. Mal ist das Hafenbecken mit Nordseewasser gefüllt, mal ist es leergelaufen. Mitten in der Stadt kann man in Husum den Wechsel der Gezeiten, Ebbe und Flut, erleben. Bei Niedrigwasser sind die eindrucksvollen Gewölbemauern von 1871–89 sichtbar.

„He harr al längstens Weltverkehr, wenn he en beten natter weer." So dichtete auf →*Plattdeutsch* der Husumer Bürgermeister Emanuel Gurlitt und brachte damit das Grundproblem des Hafens auf den Punkt. Die sich an der „Zingelschleuse" in den Binnenhafen ergießende →*Mühlenau* besitzt nur wenig „Räumkraft". Das Fahrwasser verschlickte schnell, im-

Historische Kaimauer an der Hafenstraße

Die zwei Klappbrücken trennen Binnen- und Außenhafen.

mer wieder musste gebaggert werden. Dennoch war der Hafen der Dreh- und Angelpunkt des Lebens in der Stadt. Die landwirtschaftlichen Produkte des Umlands wurden in teils weit entfernte Gegenden ausgeführt. In der frühen Neuzeit bestanden enge Wirtschaftsverbindungen mit den Niederlanden. Seit dem 19. Jahrhundert fuhren „Badegäste" von Husum aus in die Nordseebäder auf den Inseln. Inzwischen ist der Ausflugsverkehr zu den Inseln und Halligen leider eingestellt worden.

An der Schiffbrücke wurden früher die Güter verladen. Heute liegen im

Binnenhafen (oben) und Außenhafen (nächste Doppelseite)

Binnenhafen fast nur noch Sportboote und das Restaurantschiff „Nordertor". Die Häuser sind nicht sehr alt, denn dieser Stadtteil wurde 1852 von einer verheerenden Brandkatastrophe heimgesucht. Gegenüber der Schiffbrücke baute eine für Husum bedeutsame Werft Schiffe. Der Betrieb, zeitweise der größte in der Stadt, wurde 1978 an den Außenhafen verlegt, musste aber im Jahr 2000 Konkurs anmelden. Heute werden in Husum nur noch Reparaturen ausgeführt. Am ursprünglichen Standort der Werft entstand 1987–89 das neue →*Rathaus*.

Entlang der Schiffbrücke und der sich anschließenden, erst in den 1870er-Jahren angelegten Hafenstraße laden Restaurants, Cafés und Eisdielen zum Verweilen ein. Von der alten Zeit künden manche Speicher, etwa in der Ha-

fenstraße 17, heute ein wichtiger Ort für die Husumer →*Kultur*, außerdem in der dahinter liegenden →*Wasserreihe* oder auf der Hafensüdseite, wo seit den 1980er-Jahren ein Neubaugelände entstanden ist. Von der dorthin führenden 1987 erbauten Fußgängerbrücke bietet sich ein wunderschöner Blick auf das Leben am Binnenhafen, über dem sich fast wie ein Leuchtturm die →*Marienkirche* erhebt.

Jenseits der Eisenbahn- und der Straßenbrücke, die an niederländische Vorbilder anknüpfen, liegt der Außenhafen, zu dem man durch einen Fußgängertunnel gelangen kann. Hier wird nach wie vor in großen Mengen Getreide verschifft, wovon die hohen, von weither sichtbaren Silos zeugen, hier werden Schiffe repariert und →*Wind*energieanlagen produziert. Die Husumer Kutterflotte fängt als besondere Delikatesse →*Krabben*.

Herzöge und Herzoginnen

Auf dem Gebiet des Königreichs Dänemark bildete sich im 12. und 13. Jahrhundert das Herzogtum Schleswig heraus, das von der Eider im Süden bis zur Königsau im Norden reichte. Husum wurde bald der wichtigste landesherrliche Stützpunkt an der nordfriesischen Küste. Die Herzöge strebten oft nach möglichst großer Unabhängigkeit von Dänemark, doch blieb die Verbindung bis zum Deutsch-Dänischen Krieg 1864 erhalten. 1460 wurde der dänische König Christian I. aus dem Hause Oldenburg zugleich Herzog von Schleswig. Zu der Zeit des Königs Christian III. teilte man 1544 die Herzogtümer Schleswig und Holstein in drei (seit 1580 zwei) Gebiete mit ungefähr gleicher Steuerkraft. Husum gehörte zum Gebiet des Gottorfer Herzogshauses, benannt nach dem Schloss bei Schleswig. Der kleine Gottorfer Staat entwickelte sich sowohl politisch als auch kulturell zeitweise zu einem bedeutenden Faktor in Nordeuropa.

Der erste Gottorfer Herzog Adolf I. ließ 1577–82 das →*Schloss vor Husum* errichten. Auch seine Nachfolger

Herzog Adolf, Glasfenster im →Kloster

Friedrich II., Philipp und Johann Adolf, der dem Ort 1603 Stadtrechte gewährte, nutzten es zeitweise. Stammschloss und Regierungssitz blieb aber Gottorf. In der Landesgeschichte spielte die Husumer Residenz nur selten eine bedeutende Rolle.

Zu Beginn des 17. Jahrhunderts wurde das Schloss zum „Leibgedinge“, also zum Witwensitz bestimmt. Herzogin Augusta, die Witwe Johann Adolfs, bewohnte es von 1616 bis 1639 regelmäßig. Unter ihr und der nachfolgenden Herzogin Maria Elisabeth, Witwe des bedeutenden Gottorfer Herzogs Friedrich III., erlebten die Stadt und das Schloss eine kulturelle Blüte. Künstler wurden an den Hof geholt und das Schloss erweitert. Maria Elisabeth lebte von 1660 an fast ausschließlich im Schloss vor Husum. Die Tochter des sächsischen Kurfürsten Johann Georg I. hatte 1630 in Dresden Friedrich III. geheiratet. Aus der Ehe gingen 16 Kinder hervor. In Husum sammelte sie Gemälde und veranlasste 1676 zum Beispiel die Herausgabe eines Hofgesangbuchs (das 1983 nachgedruckt wurde). Nach ihrem Tod 1684 wurde das Schloss vor Husum kaum noch genutzt.

Krone und Monogramm A in dieser Kartusche am Schloss verweisen auf Herzogin Augusta.

Im Nordischen Krieg unterstützten die Gottorfer den Hauptgegner Dänemarks, Schweden, das aber unterlag. So mussten sie 1721 zugunsten des dänischen Königs auf ihre Besitzungen im Herzogtum Schleswig verzichten. Die für Husum zeitweise glanzvolle Zeit ihrer Herrschaft war unwiderruflich zu Ende. 1773 verloren sie ihre Anteile in Holstein, ganz Schleswig-Holstein gehörte jetzt zum dänischen Gesamtstaat. Aus dem Gottorfer Herzogshaus gingen indes seit 1751 vier schwedische Könige sowie seit 1762 die russischen Zaren hervor.

Das Herzogtum Schleswig bestand nach 1721 weiter. Der dänische König – und später der preußische König – war nominell Herzog für Schleswig und also auch für Husum. Doch die Majestäten in Kopenhagen kamen nur noch selten in die Nordseestadt. Zwar verzichteten sie nach dem Deutsch-Dänischen Krieg 1864 auf das Territorium, trugen aber noch bis 1972 den Titel eines Herzogs von Schleswig. Und bis heute ist das Schleswiger Wappen Teil des dänischen Königswappens.

Husumerei

„Husumerei" lautet die abwertende Bezeichnung für Husumer Lokalpatriotismus. Sie geht zurück auf den Schriftsteller Theodor Fontane, der sie auf seinen Kollegen Theodor →*Storm* münzte. Die beiden kannten sich aus Storms Exilzeit in Potsdam. Als Berichterstatter über den Deutsch-Dänischen Krieg war Fontane im September 1864 zu Gast bei Storm in der Süderstraße 12. Er notierte: „Szenerie. Die Stadt. Die Marsch, die Geest, der Deich, die Koogs …, das Meer, das Watt, die Flut – ich zähle es nur auf, wer wollte es beschreiben, denn es gibt wohl keine Lokalität in Deutschland, die von derselben Hand so oft u. so meisterhaft beschrieben worden wäre. Diese Hand ist die Th. Storms."

Storm hoffte damals auf einen Bundesstaat Schleswig-Holstein in einem freiheitlichen Deutschland. Er sprach in den Entscheidungsjahren 1864–66 von „Bismarck'scher Räuberpolitik", ja, sogar von „preußischem Terrorismus" und einem „System der brutalen Machtherrschaft". Den preußischen Hang zur Bürokratie karikierte er:

Bei jeder Geburt ist künftig sofort
Der Antrag zu formulieren,
Dass die hohe Behörde dem lieben Kind
Gestatte zu existieren!

Mit Adelsprivilegien hatte er nichts im Sinn:

Der Junker muss lernen den schweren Satz,
Dass der Adel in unsern Zeiten
Zwar allenfalls ein Privatplaisir,
Doch sonst nichts hat zu bedeuten.

Fontane, der große Chronist und klassische Dichter Preußens, ärgerte sich heftig über die in seinen Augen übertriebene Kritik Storms an „seinem" Staat. Er sah darin „eine ganz unerträgliche Anmaßung und Überheblichkeit". Diese habe ihre Ursache in einer Schrulle, nämlich in Storms „das richtige Maß überschreitenden, lokalpatriotischen Husumerei", in einer manchmal bis zum Großartigen gesteigerten „Provinzialsimpelei". Das „Theodor-Storm'sche" äußere sich in dem „Wahn, dass Husum oder Heiligenstadt oder meiner Großmutter alter Uhrkasten der Nabel der Welt sei". In seinen Lebenserinnerungen spottete Fontane: „Er war für den Husumer Deich, ich war für die Londonbrücke." Und an anderer Stelle: „Er war ein ewiger Verklärer der Erica-Heide, des Deichs, des Regenpfeifers, ja, wenn es ihm passte, der Husumer Käserinde." Unangetastet indes blieb Fontanes Bewunderung für Storms Lyrik. 1898 schrieb er, Storm sei „der bedeutendste Liebeslyriker seit Goethe". Fontanes Wort von der „Husumerei" hat das Bild des Dichters lange beeinflusst und die unzutreffende Einordnung Storms als „Heimatdichter" gefördert. Tatsächlich spielen viele Novellen Storms in Husum und Nordfriesland. Noch heute ist die Handlung oftmals recht genau zu verorten. Aber es ging ihm nicht vorrangig um die Beschreibung oder gar Verklärung der eigenen Region, wie es das Kennzeichen von „Heimatromanen" ist. An einem realistisch beschriebenen Ort siedelte der Dichter in literarischer Gestaltung allgemeine menschliche Probleme und Konflikte an. Dies war das Anliegen des poetischen Realismus, zu dessen Hauptvertretern Storm gehört.

Der Literaturnobelpreisträger Thomas Mann, der Storm sehr schätzte, beurteilte dessen „Husumerei" positiv. Er sah darin „Gemüt in Reinkultur und im Zustande äußerster Sublimierung, Heimweh als Transzendenz, das Heimatsmysterium".

Storms Wohnhaus in der Süderstraße 12

Kloster

Wenn man in Husum vom „Kloster" spricht, dann meint man das Gasthaus zum Ritter St. Jürgen im Osterende 18. Es handelt sich um ein Seniorenheim für 38 „Präbendare", wie sie hier genannt werden. Die selbstständige Stiftung wird ehrenamtlich von vier Klostervorstehern geleitet. Einer von ihnen, der „Speisemeister", führt gemeinsam mit seiner Frau für jeweils zwei Jahre die Geschäfte. Bereits →*Storm* hob in seiner Novelle „In St. Jürgen" den „Wohltätigkeitssinn der Bürger" Husums hervor. Ein großes Ereignis ist die in jedem Februar nach alter Tradition gehaltene „Klosterrechnung", bei der sogar „Klosterhexen" in Erscheinung treten.
Trotz des Namens handelt es sich bei dieser Einrichtung keineswegs um ein Kloster, und sie ist nie eines gewesen. Als Hospital für Arme, Lahme, Gebrechliche und Sieche wurde sie im Bereich ihres heutigen Platzes wohl um 1450 gegründet. Das ist einer Urkunde von 1465 zu entnehmen, mit der König Christian I. von Dänemark das Gasthaus zum Ritter „Sunte Jürgen" von Abgaben und Lasten freigab. Schon damals wurde eine Kapelle (Kerke) erwähnt. Im Jahre 1528 zog das Gasthaus in das Gebäude des Franziskanerklosters um, das erst 1495 errichtet worden war und nun im Zuge der lutherischen Reformation aufgehoben wurde. Als an dieser Stelle →*Herzog* Adolf von Gottorf den Bau eines →*Schlosses* plante, musste er die Gasthausbewohner anderswo unterbringen. Sie zogen nun wieder in das Osterende – und nahmen die Bezeichnung „Kloster" mit. Dort entstand 1563–65 zunächst eine neue St.-Jürgen-Kirche; sie ist das älteste erhaltene Gotteshaus in Husum. An beiden Seiten wurden 1566–71 Wohntrakte für das „Gasthaus" angebaut. Die drei Gebäudeteile erhielten ein gemeinsames Dach und einen weißen Anstrich. Man sprach daher vom „langen witten Huus". An seiner Nordseite zur Straße Osterende wurde eine repräsentative Fassade errichtet. Die heutige stammt von 1878, sie wurde im Stil der Neugotik von dem Kieler Stadtbaumeister Friedrich Wilhelm Schweitzer entworfen. Durch die Jahrhunderte bildete das „Kloster", das nie eines war, den Mittelpunkt der Armenfürsorge in Hu-

sum. Noch heute ist es als Altersresidenz mitten in der Stadt sehr beliebt. Durch den großen Torbogen am Osterende, der sich mit einer zweiflügeligen Tür schließen lässt, gelangt der Besucher in den Innenhof mit einem idyllischen kleinen Garten. In einem Glockenstuhl am Langhaus hängt die um 1505 noch für das Franziskanerkloster gegossene „Franziskus-Glocke". Sie ziert ein Fries aus Kreuzblumen und trägt die Umschrift: „Arma salutiferi franciscus defero cristi arnoldus de Wou me fecit." (Als Werkzeug des Heilands künde ich, Franziskus, von Christus. Arnold van Wou hat mich geschaffen.) Der Glockengießer stammte aus den Niederlanden. Durch die Tür, über der eine Laterne schwebt, betritt man den Vorraum zur kleinen Kirche mit ihrem gedämpften Licht, eine Oase der Ruhe. Die Kanzel aus Eichenholz schuf um 1570 ebenfalls ein Meister aus den Niederlanden, Jan von Groningen. Den Altar schmücken große Leuchter aus der alten →*Marienkirche*, ein Gemälde des Heiligen Abendmahls und darüber ein Kruzifix, dessen Korpus aus dem einstigen Franziskanerkloster gerettet wurde. Die Porträts ehrwürdiger Pastoren an der Ostwand stammen aus dem 17. und 18. Jahrhundert. Nach Westen fällt der Blick auf drei hohe Buntglasfenster jüngeren Datums. Sie zeigen Herzog Adolf, Martin Luther und den Husumer Reformator Hermann Tast. Ein kleineres Fenster enthält die Namen der „Speisemeister" und seit 1995 auch der „Speisemeisterinnen", die das Kloster verwalteten, ein weiteres zeigt den Heiligen Martin als Helfer der Notleidenden.

Krabben

Wer nach Husum kommt, ohne ein Krabbenbrötchen zu verzehren, der ist nicht wirklich in Husum gewesen. Als vor dem Bau der Umgehungsstraße der Verkehr noch am →*Hafen* entlang durch die Stadt floss, waren die „Krabbenbuden" berühmt. Heute kauft man die Delikatesse dort zumeist in Fischgeschäften oder auf dem Wochenmarkt. Am Außenhafen kann man die leckeren Tierchen oftmals direkt vom Kutter erwerben, dann mit Seeblick „pulen" und gleich verzehren.

Die korrekte Bezeichnung für die bis acht Zentimeter langen Krebstiere lautet Garnelen. Als Allesfresser vertilgen sie sogar kleine Schnecken. Aber auch sie dienen anderen Tieren als Nahrung. So ist der Wegfraß durch Fische viel höher als die Fangmenge der Fischer, deren Erträge bei 10 000 Tonnen Speisegarnelen im Jahr an der deutschen Nordseeküste liegen. Die erwerbsmäßig betriebene Fischerei hatte in Husum eine – für eine Hafenstadt überraschend – geringe Bedeutung. Ein Krabbenfang in größerem Stil entwickelte sich erst, als um 1914 Büsumer Fischer hierher übersiedelten. Vorher versorgten sich die Husumer, indem sie mit einer „Gliep", einem Schiebenetz, durch flache Priele im →*Wattenmeer* wateten.

Krabben frisch vom Kutter

Die „Porren", wie sie auf →*Plattdeutsch* heißen, fangen die Fischer heute von Kuttern mit jeweils zwei Schleppnetzen aus. Die kleineren Krabben werden als Tierfutter oder Dünger aussortiert oder gehen als „Gammel" gleich wieder über Bord, die größeren werden sofort gekocht. Heute liegen im Husumer Außenhafen etwa zehn Kutter.

Mit dem Herauslösen des Garnelenfleisches aus seinem Panzer verdienten früher ganze Familien in Husum ihren Lebensunterhalt. Heute werden die meisten Krabben in Billiglohnländer wie Polen oder Marokko transportiert und dort geschält. Aus zehn Pfund werden rund drei Pfund Fleisch gewonnen. Wer geübt ist, braucht dafür drei Stunden.

Krabbenkutter, links im Hintergrund das Zollamt

Kreishaus

Schon lange war Husum das Zentrum für ein weites Umland und der größte Ort der ganzen Region Nordfriesland. Als am 26. April 1970 aus den alten Kreisen Südtondern, Eiderstedt und Husum sowie einem Teil Stapelholms mit Friedrichstadt der Kreis Nordfriesland entstand, wurde Husum selbstverständlich die Kreisstadt.

Die Verwaltung des 1867 gebildeten Kreises Husum war im →*Schloss* untergebracht. Nach der Kreisreform entstand für die nun vergrößerte Administration 1971/72 auf dem ehemaligen →*Viehmarkt* das Kreishaus Nordfrieslands, gebaut in nur 13 Monaten nach

Plänen der Kieler Architekten Hermann Weidling und Erhart Kettner. Das helle Gebäude, das 2002 durch einen von Wilfried Kneffel, Hamburg, entworfenen Rundbau erweitert wurde, bildet keinen monotonen Block. Der Bürotrakt ist in drei „Scheiben" aufgegliedert. Wie ein Kopf zum Körper, so deutete es Ulf v. Hielmcrone, verhält sich der zur Straße hervorspringende Kreistagssitzungssaal. Seine Bedeutung wird noch dadurch unterstrichen, dass er auf Säulen ruht. Am Eingang stehen die drei Wappen der alten Kreise. Begrüßungsschilder heißen Besucher nicht nur auf Hochdeutsch, sondern auch auf →*Friesisch*, →*Plattdeutsch* und →*Dänisch* willkommen.

Krokusblüte

In jedem zeitigen Frühjahr steht Husum im Zeichen der Farbe Lila. Zehntausende bestaunen alljährlich die Krokusblüte im Schlosspark. Rund fünf Millionen Exemplare dieser kleinen Pflanze verwandeln das Areal in einen lilafarbenen Blumenteppich. Zum jährlichen „Krokusblütenfest" wird sogar eine „Königin" gewählt. Worauf das „Blütenwunder des Nordens" zurückzuführen ist, weiß man nicht genau. An der Stelle des heutigen →*Schlosses* vor Husum bestand bis zur Reformation ein →*Kloster* der Franziskaner. Häufig wird erzählt, dass die Mönche den Krokus hier ansiedelten, um Safran zu gewinnen und damit ihre liturgischen Gewänder zu färben. Das Blütenmeer in der Nordseestadt besteht jedoch aus der wild wachsenden Art *crocus napolitanus*, die vor allem in Südeuropa und im Orient heimisch ist. Aus ihr ist kein Safran zu gewinnen. Die zweite, wahrscheinlichere Theorie bezieht sich auf die Zeit des Schlosses als Witwensitz der →*Herzoginnen* Augusta

Frühling im Schlosspark

und Maria Elisabeth im 17. Jahrhundert. Beide sammelten exotische Pflanzen für ihren Garten. Vielleicht wollte Maria Elisabeth Safran für die Zuckerbäckerei gewinnen. Doch hier ergäbe sich dasselbe Problem wie bei den Mönchen.

Ein Blick auf die Entwicklung des Schlossparks kann helfen, das Rätsel zu lösen. Einst Klostergarten der Franziskaner, erhielt er zu der Zeit der Herzogin Augusta das Gepräge der Renaissance. Später wurde er teils zu einem Barockgarten mit „Alleen von Linden-Bäumen", wie es in einem Inventar heißt. Danach verwilderte er. Zu Beginn seiner Novelle „Aquis submersus" (1876) schreibt Theodor →*Storm*, der Schlossgarten sei „seit Menschengedenken" vernachlässigt worden. Von einem Blütenmeer berichtet er nichts. 1878 erwarb die Stadt Husum einen Teil des Areals von der königlich-preußischen Regierung. Sie ließ ihn durch den Hamburger Landschaftsgärtner Rudolph Jürgens in einen Bürgerpark im englischen Stil umgestalten, „welcher der Stadt zur größten Zierde gereicht", wie der Magistrat zufrieden feststellte. Krokusse blühten im Schlossgarten wohl schon mindestens seit der Zeit der Herzoginnen. Seit der Umwandlung des Parks konnten sich die blau-violett blühenden Wildpflanzen ungehindert ausbreiten. „Ein herrlicher Anblick, wie man ihn selten sieht", schwärmte der Berichterstatter der *Husumer Nachrichten* im April 1893 über „dieses blühende Crokusfeld in schönster Farbenpracht".

Nicht nur zur Zeit der Krokusblüte lohnt sich ein Spaziergang durch den Schlossgarten. Man betritt ihn durch das schöne Sandstein-Portal im Stil der Renaissance und geht direkt auf

Ein Sandstein-Portal bildet den Eingang zum Schlosspark.

das →*Denkmal* für Theodor Storm zu. Auf weit geschwungenen Wegen lässt es sich gut flanieren und die alten Bäume bewundern. Husums Bürgermeister Emanuel Gurlitt dichtete um 1890: „Un denn de Stadtpark! O, wat fien! / So'n schönen hett nich mol Berlin."

Kultur

Husum überrascht mit einem vielfältigen kulturellen Angebot. Manche Veranstaltungen ziehen Liebhaber auch aus entfernteren Regionen an: seit 1984 die →*„Pole-Poppenspäler-Tage“*, seit 1986 die „Husumer Filmtage“ im Kino-Center auf der →*Neustadt* oder seit 1987 die „Raritäten der Klaviermusik“ im Rittersaal des →*Schlosses*. Hochrangige Konzerte

Buntes Treiben bis in die Nacht – die Husumer Hafentage

sind auch im Husumhus und im Nordsee-Congress-Centrum zu erleben. In der →*Marienkirche* wird die Husumer Tradition der Kirchenmusik fortgesetzt. Wer selber Musik machen will, ist bei der Kreismusikschule Nordfriesland im Schloss gut aufgehoben; Tausende vom „Musikzwerg" bis zum Greis haben dort seit 1981 ein Instrument erlernt. Der 1913 gegründete Spielmannszug →*Rödemis* errang mehrfach nationale und internationale Auszeichnungen. Seit Langem gehören Chöre zum kulturellen Leben,

darunter Theodor →*Storms* Gesangverein von 1843. Ein abwechslungsreiches Programm – Konzerte, Theater, Kabarett, Lesungen – bietet das soziokulturelle Zentrum „Speicher“ seit 1982 in einem historischen Hafengebäude von 1898 an. Musikgruppen verschiedener Richtungen treten seit 1982 zu den „Husumer Hafentagen“ jeweils im August auf, die als größtes „Stadt-Event“ an der Westküste Schleswig-Holsteins gelten.

Vielfalt herrscht auch in den Husumer Museen, sei es im →*Nissenhaus*, →*Ostenfelder Bauernhaus*, →*Schiffahrtsmuseum*, →*Storm-Zentrum* oder →*Weihnachtshaus*. Die Buchkultur hält die Verlagsgruppe Husum auf-

Das Kulturzentrum „Speicher“, Hafenstraße 17

Ringreiter-Standarte

recht, einer von ganz wenigen Verlagen, die in Schleswig-Holstein verblieben sind. Das Buch, das Sie gerade in Ihren Händen halten, stammt aus dem Haus Nordbahnhofstraße 2. Eine große Auswahl an Literatur bietet die Stadtbibliothek im Nissenhaus, deren Anfänge bis 1892 zurückreichen. Historische Bestände sind im Hermann-Tast-Gymnasium, im Nissenhaus und im Kreisarchiv zu finden. Seit über 200 Jahren gibt es in Husum die Redaktion einer →*Zeitung*. Vorträge auf hohem Niveau bieten die Universitätsgesellschaft und die Volkshochschule an. Der Vergangenheit spürt die 1987 gebildete Gesellschaft für Husumer Stadtgeschichte nach. Auffällig ist, dass viele kulturelle Initiativen und Gründungen in die 1980er-Jahre fallen.

Die regionale Kultur pflegen verschiedene Vereine. Der Husumer Boßelverein von 1886 übt die traditionelle Wurfsportart aus, die Storm in seiner Novelle „Der Schimmelreiter" beschreibt. Die älteste Ringreitergilde stammt von 1826. Bereits 1586 wurde die Husumer Schützengilde gegründet, die zu den ältesten Gilden in Schleswig-Holstein zählt. Der Kultur der →*Friesen* widmen sich Vereine in Husum und Schobüll. In traditioneller Weise begeht das →*„Kloster"* seine „Klosterrechnung". Zu Silvester ist in Husum das „Rummelpottlaufen" beliebt, ein im niederdeutschen Sprachraum heimischer Volksbrauch. Verkleidete Kinder ziehen von Tür zu Tür, singen →*plattdeutsche* Lieder und erhoffen sich Gaben in Form von Leckereien oder auch Geld, während Erwachsene eher eine flüssige Belohnung erwarten.

Marienkirche

Die heutige, klassizistische Marienkirche am →*Markt* ist relativ jung. Die Geschichte der ersten Marienkirche reicht hingegen bis in das Jahr 1431 zurück. Damals durfte Husum eine eigene Kapelle errichten. Im Jahre 1448 löste sich der aufstrebende Ort von der einstigen Hauptkirche der Südergoesharde in Mildstedt. Die dann bis etwa 1510 errichtete spätgotische Marienkirche mit ihrem schlanken, zeitweilig 95 Meter aufragenden Turm war ein imposantes Gebäude und bestimmte das Husumer Stadtbild. Der steigende Wohlstand sorgte dafür, dass sie reich mit vielen Altären und Kunstschätzen ausgestattet wurde.

Doch 1807/08 wurde die alte Kirche wegen Baufälligkeit abgebrochen. Später kursierte das plattdeutsche Wort: „De Tönninger Torn is hoch un spitz. De Husumer Herrn hemm Verstand in de Mütz." Der Abriss gilt als einer der größten Verluste in der Architekturgeschichte Schleswig-Holsteins. Das wertvolle Inventar wurde größtenteils auf einer Auktion versteigert. Das von dem bedeutenden Bildhauer Hans Brüggemann geschaffene Standbild des Ritters Sankt Jürgen gelangte ins dänische Nationalmuseum nach Kopenhagen, sein Engel mit der Laute nach Berlin. Der gotische Schnitzaltar ist im Schwabstedter Gotteshaus zu bewundern. Nur wenige Kunstschätze wurden in die neue Marienkirche übernommen, insbesondere die Taufe aus Messingguss von 1643, oder gelangten in das →*„Kloster"*.

Schon 1808 entwarf der aus einer Husumer Familie stammende Königliche Baumeister Christian Frederik Hansen (1756–1845) einen Neubau im Stil des Klassizismus. Aus finanziellen Gründen konnte er aber erst 1829–33 ausgeführt werden. Die neue, erheblich kleinere Kirche blieb vielen Husumern, gerade auch Theodor →*Storm*, lange ungeliebt. Das teils im Stil der Kopenhagener Frauenkirche gebaute Gotteshaus bezeichnete der Magistrat 1871 als „Auswuchs nordischen Kunstgeschmackes". 1899 legte der Berliner Architekt Johannes Otzen sogar einen Plan für eine völlige Umgestaltung mit Elementen der italienischen Renaissance, insbesondere mit einem hohen Turm vor. Doch dafür

fehlte – zum Glück – das Geld. 1913 meinte Senator C. P. Christiansen immerhin: „In seiner typischen Einfachheit mit dem nur reichlich 30 Meter hohen Kuppelturm ist das Gebäude dem Husumer aber lieb geworden."
Nach heutiger Beurteilung stellt die Marienkirche ein hochrangiges Bauwerk des nordeuropäischen Klassizismus dar. Der an ein Leuchtfeuer erinnernde Turm soll den Bewohnern der Nordseestadt und ihren Gästen christliche Orientierung geben. Die fünf zwischen 1505 und 1604 gegossenen Glocken stammen aus der alten Marienkirche. Streng gegliedert ist der wie ein Festsaal wirkende Innenraum. Aus den Stuhlreihen aufragende dorische Säulen deuten an, dass die Gemeinde die Kirche trägt. Der Mittelgang führt zu einem Portal, das reicher gegliedert ist als das außen am Eingang. Es symbolisiert den Zugang zur Welt Gottes. Im Zentrum stehen der Altar und darüber die Kanzel mit Gottes wachsamem Auge, das von einem Strahlenkranz umgeben ist. Das Portal wird überwölbt von einem Bogen, in dessen Mitte das Kreuz steht. Aus dem offenen Raum dahinter, also aus der Welt Gottes, scheint das Licht des Ostens. Durch aufwendige Restaurierungen hat die Kirche in den letzten Jahren ihre ursprüngliche Komposition zurückerhalten. Das Gotteshaus umrahmen 40 Linden, deren Anordnung mit der Innengestaltung korrespondiert. Natur und Architektur stehen im Einklang miteinander.

Markt

Der Marktplatz war früher viel kleiner. Seine heutige Form erhielt er erst nach dem Abbruch der alten →*Marienkirche* 1807/08, deren Turm sich etwa an der Stelle des heutigen Marktbrunnens befand. Der Nachfolgebau liegt weiter zurück. 1867 wurde zudem die Stadtwaage an der Südseite abgerissen. Seit Jahrhunderten wird an jedem Donnerstag auf dem Platz der Wochenmarkt gehalten, der sich bis in die →*Großstraße* hineinzieht. Im Dezember stehen hier die Buden und Karussells des beliebten Weihnachtsmarkts.

Mehr noch als heute diente der Wochenmarkt früher dem Austausch zwischen Stadt

Auf dem Wochenmarkt

„Rebellenköpfe" am Herrenhaus

und Land. Man sah Frauen in ihren →*friesischen* Trachten von den Inseln und Halligen oder aus dem Kirchdorf Ostenfeld. Theodor →*Storm* beschreibt in „Aquis submersus" das „groß Gewühl dort, ... denn es war Donnerstag". Sein Geburtshaus steht am Markt 9.

Alles auf dem Platz dreht sich um die 1902 errichtete →*Tine*. An der Nordseite steht das eigentlich noch zur Großstraße gehörige alte →*Rathaus*. Das aus zwei Gebäuden bestehende Herrenhaus daneben (Markt 1–3) wurde bereits um 1520 erwähnt und ist wenigstens in Teilen das älteste Haus der Stadt. In der dortigen Münze wurde der „Husumer Thaler" geprägt. Das Haus stellt eine Mischform aus Gotik und Renaissance dar. Die „Rebellenköpfe" aus Sandstein sollen der Legende nach die der 1472 hingerichteten Aufrührer sein. Tatsächlich warfen diese Figuren wohl stellvertretend für die Landesherren ein wachsames Auge auf Markt und Straßen. Ein schönes Oberlicht am Eingang und – ursprünglich zum Haus Markt 19 gehörende – Beischlagwangen von 1605 schmücken das Herrenhaus.

Die weiteren Gebäude an der Nordseite sind großenteils Erzeugnisse der Kaiserzeit, zum Beispiel das Haus Markt 23, in dem die örtliche →*Zeitung* ihren Sitz hat; den Eingang schmücken zwei gusseiserne Säulen, die aus dem einstigen Eisenwerk auf der →*Neustadt* stammen. Die Südseite des Markts wird bestimmt durch spätklassizistische Gebäude. An der Einhorn-Apotheke (Markt 10–12) verweist ein Portal auf das Gründungsjahr 1613; mitsamt ihrem Wappentier befand sie sich einst an der Ecke zur Großstraße. Hohe Häuser aus der Kaiserzeit bilden den Übergang zur Krämerstraße. An der Westseite stand das „Aquis-submersus"-Haus. Es wurde 1898 abgebrochen, erhalten ist die Tafel mit →*plattdeutschem* Sinnspruch.

Mühlenau

Friedlich fließt die Mühlenau durch das Husumer Stadtgebiet. Sie führt das Regenwasser von der höher gelegenen Geest in die Nordsee. Auf zugefrorenen Flächen neben der Au ziehen im Winter Schlittschuhläufer ihre Bahnen. Durch die „Zingelschleuse" fließt das Wasser in den Binnenhafen. Die Husumer Au geht am →*Sperrwerk* in den Heverstrom des →*Wattenmeers* und die offene Nordsee über. Die Mühlenau mit ihrem recht kleinen Einzugsgebiet hat nur wenig „Räumkraft" aufzuweisen, was für den

→*Hafen* immer wieder Probleme mit sich brachte.

Die namengebende einstige Wassermühle liegt am Mühlendamm zwischen Osterhusumer und Ostenfelder Straße. Das heutige, mehrfach umgestaltete Gebäude geht auf die Zeit um 1590 zurück und gehörte dem →*Herzog*. Der Mühlenteich reichte kilometerweit nach Osten. Er wurde 1867 trockengelegt, nachdem die Wasserräder durch Turbinen ersetzt worden waren.

Wassermühlen waren in Nordfriesland die Ausnahmen. Hier wurde das

Zingelschleuse am Binnenhafen

Alter Mahlstein im Schlossgang

Getreide bis in das 20. Jahrhundert hinein von Windmühlen gemahlen. Mehrere standen in Husum, im 19. Jahrhundert eine sogar auf dem Gebäude der Wassermühle. Der Name des Stadtteils Dreimühlen erinnert an die vergangene Zeit. Ein schönes Müllerhaus mit Mauerankern von 1746 steht eingezwängt zwischen Zufahrten zur Umgehungsstraße. Ein Mahlstein der 1940 abgerissenen Graupenmühle ist im Schlossgang zu sehen.

Neustadt

Als Fortsetzung der Hohlen Gasse stellte die Neustadt die Verbindung zwischen →*Hafen* und →*Viehmarkt* her. Sie ist, wie der Name sagt, eine recht junge Straße der Altstadt, wurde aber immerhin bereits 1526 als „Nigestadt" erwähnt.

In der hohen Zeit des Viehmarkts gab es hier mindestens 33 Gasthöfe. Viele Tiere waren in der Straße angebunden. Vorne wurde ein Teil des Gewinns verzecht oder wechselte manchmal beim Glücksspiel den Besitzer. Oben nächtigten die reichen Viehhändler und Bauern. Die Knechte und Treiber schliefen in den hinteren Ställen. Nach dem Ende des Viehmarkts 1970 verlor die Neustadt an Bedeutung. Der Durchgangsverkehr zwängte sich durch die enge Straße. Heute ist die untere Neustadt den Fußgängern (und Radfahrern) vorbehalten. Viele kleine, inhabergeführte Geschäfte siedelten sich an.

Eine →*Storm-Stätte* ist das Haus Nr. 56; die Maueranker verweisen auf das Jahr 1675. Das imposante Jugendstil-Gebäude Neustadt 60–64 wurde 1907 nach Plänen des Architekten Magnus Schlichting für die Schleswig-Holsteinische Bank errichtet. Das Wappen mit den schleswigschen Löwen und dem holsteinischen Nesselblatt über dem Eingang kündet davon. Gegenüber, in der heutigen Schloss-Apotheke, lag die Propsteiverwaltung für Husum-Bredstedt. Auf der Neustadt 68–70 befand sich von 1852 bis 1954 einer von ganz wenigen Industriebetrieben Husums, eine Eisengießerei. Die →*dänische* Minderheit der Stadt hat ihren Sitz im Husumhus (Nr. 93). Der Saal wird unter anderem für Konzerte und Theatergastspiele genutzt. Gegenüber (Nr. 90) liegt das Geburtshaus von Ludwig Nissen, dem Gründer des →*Nissenhauses*; sein Vater war hier als Reepschläger tätig. Einen Beitrag zur →*Kultur* in Husum leistet das Kino-Center in der Neustadt 114. Die Geburtsstunde des Kinos hatte in der Stadt am 28. September 1897 geschlagen, als ein Wanderunternehmer in der „Centralhalle" am Markt „lebende Bilder" vorführte. Am Ende der Neustadt steht an der Nordwestecke des Schlossparks der imposante →*Wasserturm*. Über das Gelände des ehemaligen Viehmarkts fällt der Blick auf das →*Kreishaus* in der Marktstraße.

ISIS
Geöffnet

Nissenhaus

Eines der wichtigsten Museen Nordfrieslands und zugleich eines der markantesten Gebäude in Husum ist das Nissenhaus. Es geht zurück auf den Husumer Amerika-Auswanderer Ludwig Nissen, der als sechstes von zehn Kindern des Reepschlägers Friedrich Nissen am 2. Dezember 1855 auf der →*Neustadt* geboren wurde. Mit kaum 17 Jahren – also wie so viele noch bevor er militärdienstpflichtig wurde – wanderte er aus. Er gehörte zu den wenigen, für die sich der amerikanische Traum „vom Tellerwäscher zum Millionär" erfüllte. In New York putzte er Stiefel, wusch Geschirr, arbeitete als Kellner, Kassierer und Schlachter. Sodann vermochte er, zunächst gemeinsam mit einem Partner, eine Juwelenhandlung zu eröffnen. Die Geschäfte verliefen in jeder Weise glänzend, und bald schon war „Ludwig Nissen and Company" in der Fifth Avenue vertreten, der vornehmsten Straße New Yorks. Zu den eigentlichen Plutokraten der Metropole gehörte Ludwig Nissen nicht, wohl aber zu den 60 einflussreichsten Bürgern von Brooklyn. Dort ließ er sich gemeinsam mit seiner Frau Cathrine eine prächtige Villa einrichten. Zu seinen Freunden zählte US-Präsident Theodore Roosevelt. Freiheit, Toleranz und Nächstenliebe waren seine Ideale, wie sein Gedicht „Mein Glaube" zeigt:

So will ich denn mit regem Eifer üben,
Was ich für Wahrheit und für Recht erkannt:
Will brüderlich die Menschen alle lieben,
Am Belt, am Hudson und am Gangesstrand.

Die Verbindung mit Husum verlor Ludwig Nissen nicht aus dem Auge. Bevor er am 26. Oktober 1924 in Brooklyn starb, hatten er und seine Frau die Stadt Husum als Erbin ihres Vermögens eingesetzt und bestimmt, dass diese ein kulturellen Zwecken dienendes Volkshaus errichten solle. Das „Nissenhaus" wurde 1934–37 nach Entwürfen des Architekten Georg Rieve (1888–1966) erbaut. Das Ziegelportal mit drei Bögen wirkt fast sakralfeierlich. Die drei Skulpturen – Ochse, Phoenix und Tritonpferd – schuf der Bildhauer Alwin Blaue (1896–1958). Über dem Haupteingang mit der breiten Freitreppe hängt das Nordfriesen-Wappen mit dem Grütztopf. Den 1986

errichteten Anbau nutzt seit 2006 die Stadtbibliothek Husum.
Das „NordseeMuseum“, wie es seit einer grundlegenden Umgestaltung 2006/07 heißt, zeigt den nordfriesischen Kultur- und Naturraum mit seinen vielfältigen Aspekten. →*Sturmfluten*, Deichbau und Küstenschutz stehen im Vordergrund. Das Museum verfügt über eine große Gemäldesammlung, vorwiegend mit nordfriesischen Motiven, außerdem über Ludwig und Kathie Nissens Sammlungen amerikanischer und internationaler Kunst. In der Rotunde ist über den Urnen des Stifter-Ehepaars zu lesen: „Nie entschläft, wer einmal wach gelebt.“

Norderstraße und Osterende

Nördlich der →*Marienkirche* geht der →*Markt* in die Norderstraße über, und südlich beginnt, ebenfalls nach Osten führend, die →*Süderstraße*. Die Husumer Topografie ist hier recht einfach zu durchschauen. Die Norderstraße mit dem sich anschließenden Osterende führt nach Flensburg bzw. Schleswig, die Süderstraße nach Osterhusum und weiter nach Ostenfeld, Kropp und Rendsburg.

Die Norderstraße ist eine der Hauptgeschäftsstraßen Husums. Sie wird vor allem geprägt durch Bauten des 19. und 20. Jahrhunderts. Noch aus dänischer Zeit stammt das direkt hinter der Kirche gelegene und mit ihr harmonierende Haus Nr. 2, errichtet 1839

Norderstraße
Links: Beischlagwange mit Darstellung der Caritas

nach Plänen des Bauinspektors Wilhelm Frederik Meyer. Es diente zunächst als Mädchenschule und Kindergarten, heute als Altenbegegnungsstätte und Sitz der Kirchengemeinde St. Marien. In der Norderstraße 1 entstand, typisch für die →*Baugeschichte* des Kaiserreichs, 1908/09 Husums erstes „Hochhaus", das Langheinsche Haus. Manche schönen Details sind beim Gang durch die Norderstraße zu entdecken. Das Gebäude Nr. 3 hat eine prachtvolle Tür im „Zopfstil" aufzuweisen. Das Gebäude Nr. 21 schmücken zwei Beischlagwangen aus Sandstein mit der Jahreszahl 1616 sowie einer Darstellung der Justitia (Gerechtigkeit) und der Caritas (Nächstenliebe). Das Haus Norderstraße 50 weist einen schönen Giebel mit einem Wappen auf; die darin zu erkennende Laute spielt wohl auf den Besitzer, den Husumer Bürgermeister Luth, an.

Am Übergang zum Osterende stand einst ein Stadttor, hier endete das eigentliche Stadtgebiet. Außerhalb lagen das Siechenhaus, das →*„Kloster"*, und der →*Friedhof*. Außerhalb wohnte, im Osterende 4, auch der Husumer Scharfrichter. Im Keller mussten Gefangene, wie Storm es in der Novelle „Im Brauerhause" beschreibt, auf ihre Hinrichtung warten. Dies kam selten vor, zuletzt 1780 an einer Kindesmörderin. Gegenüber ragte an der Ecke zum Kuhsteig seit 1908 das nach dem Herrscherhaus benannte „Café Hohenzollern" auf; nach der Abdankung des Kaisers hieß es „Stadt-Kaffee". Heute steht auf einer freien Fläche an dieser wichtigen Kreuzung nur ein gusseiserner Brunnen, der vom früheren →*Viehmarkt* hierher versetzt wurde. Im früher besonders idyllischen Osterende wohnten vor allem Handwerker, Höker und „Arbeitsleute". Ansehnliche Giebelhäuser stehen zum Beispiel im Osterende 19 (mit „Utlucht"), 99 und 121a. Im Haus Nr. 27 gingen einst Glockengießer ihrem Handwerk nach. Am Haus Osterende 66 aus dem Jahr 1883 ist eine Kindsfigur im Giebel zu entdecken.

Brunnen am Osterende, dahinter das Scharfrichterhaus

Ostenfelder Bauernhaus

Im Jahre 1899 entstand in Husum das erste Freilichtmuseum in Deutschland. Aus dem etwa 15 Kilometer östlich gelegenen Dorf Ostenfeld überführte man eines der letzten ursprünglichen niederdeutschen Hallenhäuser der Region, das „Heldtsche Haus", in die Kreisstadt. Der damals heftig ausgetragene nationalpolitische Gegensatz zwischen Deutschland und Dänemark bildete den Hintergrund. Ein Mitarbeiter des Dansk Folkemuseum in Kopenhagen hatte den Erwerb dieses Hauses für das im Entstehen begriffene dänische Freilichtmuseum beabsichtigt. In einem Husumer Hotel erzählte er davon. „Flugs haben es sich die Husumer hinter die Ohren geschrieben", berichteten die Husumer Nachrichten am 4. August 1900, „und raschen Entschlusses begaben sich die Herren Bürgermeister Menge und Gymnasiallehrer Voß nach Ostenfeld, um den

Dänen zuvorzukommen und das wertvolle Altertum der eigenen Heimat zu erhalten". Mit seiner ganzen Energie sorgte der Gymnasiallehrer und bedeutende Heimatforscher Magnus Voß (1856–1905) dafür, dass die Stadt Husum das Gebäude mit Hilfe des Kreises Husum und der Provinz Schleswig-Holstein erwarb. Es wurde abgetragen und auf dem Gelände des Woldsenschen Witwenstifts wieder errichtet. Die düpierten Dänen erwarben noch im selben Jahr ein ähnliches Haus in Ostenfeld.

Der Eingang ist der Straße zugewandt. Im hohen Reetdach befindet sich unter dem First ein Rauchloch, denn das Hallenhaus hatte keinen Schornstein. Um 1600 erbaut, bestand es ursprünglich aus einer Diele, zwei Stallabseiten, zwei Wohnabseiten sowie der Herdstelle am Ende des Stalls. Die einzelnen Bereiche waren nicht voneinander abgetrennt. Mensch und Tier lebten zunächst in einer „Halle". Im später angebauten Pesel, der besten Stube, zeugte ein figurenreicher Abendmahlschrank aus dem Dörfchen Rott von Wohlstand und Kultur der Bauernfamilien im alten Kirchspiel Ostenfeld; er steht mittlerweile im →*Nissenhaus*. 1789 wurde eine Wohnstube, die Döns, angebaut. Sie ist mit reichen Schnitzereien und drei verschiedenen Fliesensorten ausgeschmückt. Von der Lebenserfahrung des Hausherrn zeugt offenbar der in den Türbalken eingeschnitzte Spruch: „Niemand kann es machen so, dass jedermann gefallen tu."

Persönlichkeiten

Mit der recht kleinen Stadt Husum ist eine Vielzahl großer Persönlichkeiten verbunden. Hier seien aus verschiedenen Bereichen beispielhaft einige genannt.

Durch die Jahrhunderte wurden bürgerschaftliches Engagement und eigene Initiative in der Stadt großgeschrieben. Die bekanntesten Wohltäter waren die Geschäftsleute Anna Catharina **Asmussen** (1793–1868) und ihr Vetter August Friedrich **Woldsen** (1792–1868). Als Dank wurde die →*„Tine"* auf dem Marktplatz errichtet. Die Brunnenfigur stellt jedoch nicht die Stifterin dar.

Blick in die Langenharmstraße, links Margarete Böhmes Geburtshaus (Nr. 9)

Bekanntester Schriftsteller aus Husum ist natürlich Theodor →***Storm*** (1817–1888). An der Zahl der verkauften Bücher gemessen war noch erfolgreicher Margarete **Böhme** (1867–1939), geb. Feddersen, aufgewachsen in der Langenharmstraße 9. Sie gehörte zu den meistgelesenen Autorinnen in Deutschland. Für viel Aufsehen sorgte ihr Roman „Tagebuch einer Verlorenen. Von einer Toten" (1905). Eine Apothekertochter aus Nordfriesland wird darin zur Straßendirne und später zur gräflichen Mätresse. Franziska zu **Reventlow** (1871–1918) wuchs als Tochter des ersten preußischen Landrats von Husum im →*Schloss* auf. Die Stadt erschien ihr später als Jugendparadies und Sinnbild der Geborgenheit. 1903 erschien ihr autobiografisch anmutender Roman „Ellen Olestjerne". Sie brach mit der adligen Lebenswelt und gehörte zur Schwabinger Künstlerboheme. Friederike **Kraze** (1870–1936) war Lehrerin an der Husumer Töchterschule. Sie wählte für mehrere ihrer über 20 Romane Husum und seine Umgebung als Schauplatz. Emanuel **Gurlitt** (1826–1896) aus Altona wirkte 23 Jahre als Bürgermeister von Husum, er betätigte sich schriftstellerisch vor allem auf →*Plattdeutsch*. Albert **Petersen** (1883–1943) verfasste zahlreiche Romane wie „Arnold Amsinck" oder „Harre und seine Sippe", die zumeist in Nordfriesland und Norddeutschland spielen. Albert **Johannsen** (1850–1909), Sohn eines armen Webers in dem Dorf Rantrum, arbeitete als Journalist und veröffentlichte Romane, aber auch gesellschaftspolitische Schriften. Sein Sohn gleichen Namens (1890–1975) wurde in seiner Zeit zu einem der bekanntesten Maler Nordfrieslands.

Charlotte **von Krogh** (1827–1913), als Tochter des dänischen Amtmanns im Schloss vor Husum geboren, besuchte als eine der ersten Frauen überhaupt die Kunstakademie in Düsseldorf. Sie malte Landschaften und Interieurs. Richard **von Hagn** (1850–1933) arbeitete als Kunstmaler in Dresden, schuf aber auch zahlreiche Bilder mit Motiven Husums und Nordfrieslands. Auf dem Westfriedhof ist er begraben. Hans **von Petersen** (1850–1914) war in der Zeit des Kaiserreichs ein bekannter Marinemaler. Adolf **Brütt** (1855–1939) gilt als einer der bedeutenden deutschen Bildhauer der Zeit um 1900. Von ihm stammt zum Beispiel die Statue von Theodor Mommsen vor der Berliner Universität. Für seine Geburtsstadt Husum schuf er das Storm-Denkmal im Schlosspark und den →*Tine*-Brunnen.

Auch in der Welt der Musik hat Husum Bedeutendes aufzuweisen. Matthias **Ebio** (1591–1676) machte sich als Komponist und Musiktheoretiker einen Namen. Nicolaus **Bruhns** (1665–1697), geboren in Schwabstedt, war Schüler Dietrich Buxtehudes. Von 1689 bis zu seinem frühen Tod wirkte er als Organist an der →*Marienkirche*. Mit seiner Toccata e-moll erreichte diese Gattung im norddeutschen Barock ihren Höhepunkt. **Zinck** ist der Name einer mit Husum verbundenen Musikerfamilie. Bendix Friedrich Zinck (1715–1799) war hier Stadtmusikant, er schrieb Stücke für Orgel, Klavier und Flöte. Bendix Friedrich Zinck (1743–1801) komponierte Sinfonien und große Vokalwerke. Hardenack Otto Conrad Zinck (1746–1832) förderte die Musikerziehung.

Manche Husumer leisteten wichtige Beiträge zur Wissenschaft. Caspar **Danckwerth** (um 1607–1672), geboren in Oldenswort, 1641–61 Bürgermeister in Husum, verfasste die 1652 veröffentlichte „Newe Landesbeschreibung der zwey Hertzogthümer Schleswich und Holstein". Die Landkarten schuf Johannes **Mejer** (1606–1674). Der Pastorensohn aus Husum wurde Hofmathematiker des Gottorfer →*Herzogs* und des dänischen Königs. Seine Karten von Nordfriesland und Dänemark übertrafen alle Vorarbeiten an topografischer Genauigkeit.

Peter Nicolai **Svensen** (1722–1804) wirkte an der Husumer Gelehrtenschule und machte sich als Mathematiker einen Namen. In Kopenhagen gewann er den dänischen König für seine Idee einer Zahlenlotterie und wurde deren Inspektor und Revisor. Georg **Forchhammer** (1794–1865) wurde 1831 Professor für Mineralogie und Geologie an der Universität Kopenhagen. Als Erster schrieb er eine Erdgeschichte Dänemarks. Sein Bruder Peter Wilhelm **Forchhammer** (1801–1894), Klassischer Philologe, erfasste die Ebene von Troja kartografisch und war an der Gründung der Kunsthalle in Kiel beteiligt. Joachim **Rohweder** (1841–1905), fast 40 Jahre Lehrer am Husumer Gymnasium, wurde unter Ornithologen bekannt durch sein 1875 (und 2005 erneut) in Husum erschienenes Buch „Die Vögel Schleswig-Holsteins". Er setzte sich als einer der Ersten für den Vogel- und Tierschutz ein. Ferdinand

Ferdinand Tönnies

Tönnies (1855–1936) aus Oldenswort wohnte im Kavaliershaus des Schlosses. Hier verfasste er große Teile seines bahnbrechenden Werks „Gemeinschaft und Gesellschaft". Er gilt als Begründer der Soziologie in Deutschland. Oskar **Vogt** (1870–1959) wurde einer der bedeutendsten Hirnforscher. Im Auftrag der sowjetischen Regierung untersuchte er das Gehirn Lenins. Die medizinische Fakultät der japanischen Universität in Fukuoka trägt seinen Namen. Seine Geburtsstadt Husum ernannte ihn zum Ehrenbürger.

August **Giese** (1620–1697) wurde nach einem Jurastudium Nachfolger seines Vaters als Stadtsekretär in Husum. Er reformierte u. a. die Armenfürsorge. In seinen Schriften nahm er Gedanken der Aufklärung vorweg. Magnus **von Wedderkopp** (1637–1721) war der Sohn eines kaiserlichen Leutnants, der seit 1636 als Kaufmann und Kupferschmied in Husum lebte. Zunächst Professor für Staatsrecht in Heidelberg und Kiel, bekleidete er im Dienst der Gottorfer →*Herzöge* hohe Ämter, wurde aber in Intrigen verwickelt. Georg **Beseler** (1809–1888) und Wilhelm Hartwig **Beseler** (1806–1884) waren wichtige Vertreter der liberalen und nationalen Bewegung. Ihr Wohnhaus in Rödemis wurde leider abgerissen. Lothar **Schücking** (1873–1943) stammte aus Westfalen. Er wurde 1903 Bürgermeister von Husum. 1908 übte er scharfe Kritik an der „Reaktion in der inneren Verwaltung Preußens“. Der Innenminister leitete ein Disziplinarverfahren gegen ihn ein. Der „Fall Schücking“ sorgte für Aufsehen in ganz Deutschland.

Hermann Tast, Epitaph in der → Marienkirche

Hermann/Harmen **Tast** (um 1490–1551) schloss sich unter den einheimischen Geistlichen in Husum und Umgebung als Erster der Reformation an und arbeitete an deren Durchsetzung in Schleswig-Holstein und Dänemark entscheidend mit. Lange Zeit galt er als der Erste, der in Husum und überhaupt in Schleswig-Holstein im reformatorischen Sinne predigte. Dies tat aber bereits vor ihm der hierher entsandte Theodoricus **Pistorius** (Theodor Becker). Hinrich Hieronymus **Sommer** (1804–1861) war Schuhmacher in Husum. Der überzeugte Christ zählte 1857 zu den Gründern des Vereins für Innere Mission und wurde dessen „Sendbote“. Er schrieb geistliche Liedtexte. Auf dem Friedhof Sankt Jürgen ist er begraben.

Otto **Kemmerich** (1886–1952) wurde als „Wunderschwimmer“ bekannt. Ohne Beiboot schwamm der Angestellte einer Krankenkasse zum Beispiel von Sylt nach Amrum und von Husum nach Nordstrand. Mit 66 Jahren wollte er die Strecke zwischen Esbjerg und Husum zurücklegen. Ein Sylter Fischer barg seinen Leichnam.

Plattdeutsch

Platt- oder Niederdeutsch kann nach wie vor als die Volkssprache in Husum bezeichnet werden. Wer donnerstags auf dem Wochenmarkt einkauft, wird bemerken, wie lebendig die Sprache ist. Seit der Reformation war sie bis ins 17. Jahrhundert hinein Kultur- und Kirchensprache. Am Markt erinnert auf einer Sandsteintafel am Eckhaus zur Krämerstraße ein plattdeutscher Spruch, der schon Theodor →*Storm* beeindruckte, an die Vergänglichkeit: GELICK ASO ROCK VND STOF VOR SWINDT ASO SINT OCK DE MINSCHENKINDT. (Gleich wie Rauch und Staub verschwinden, so sind auch die Menschenkinder.) Plattdeutsch wurde zeitweise von den „Gebildeten" verachtet, gar bekämpft. Storm schrieb in hochdeutscher Sprache, war dem Niederdeutschen aber durchaus zugetan und verfasste manches Gedicht auf Platt:

Sandsteintafel am „Aquis-Submersus-Haus" am Markt, Ecke Krämerstraße

Gode Nacht

Över de stillen Straten
Geiht kloor de Klockenslag;
Goot Nacht, dien Hart will slapen,
Un morgen is ok en Dag.

Dien Kind liggt in de Wegen,
Un ik bün ok bi di;
Dien Sorgen un dien Leven
Is allens um un bi.

Noch eenmal laat uns spreken
Goden Avend, gode Nacht!
De Maand schient op de Deken;
Uns Herrgott höllt de Wacht.

Die Sprache wird seit Langem wieder bewusst gefördert. Plattdeutsches Theater auf gutem Niveau zeigt seit 1935 die Niederdeutsche Bühne Husum.

P

Pole Poppenspäler

„Pole Poppenspäler“ erschien 1874 und zählt zu den bekanntesten Novellen Theodor →*Storms*. Sie lebt vom Gegensatz zwischen der Welt der Bürger und der Künstler. Hauptfigur ist der Drechsler Paul Paulsen, ein →*Friese*, in der Stadt auf →*Plattdeutsch* Pole Poppenspäler genannt. Als Paul noch ein kleiner Junge ist, kommt der Puppenspieler Joseph Tendler aus München mit Frau und Tochter Lisei in die Stadt. Paul ist fasziniert von der Welt der Schausteller. Im Schützenhof in der →*Süderstraße* wollen die Marionettenspieler das Stück „Fausts Höllenfahrt“ aufführen. Vorher zeigt Lisei dem Jungen trotz Verbots durch ihren Vater eine Puppe, mit der er spielt, bis es in der Mechanik „einen Knacks tut“. Die beiden verängstigten Kinder kommen sich näher. Viele Jahre später trifft Paul als Geselle während seiner Wanderjahre Lisei wieder und nimmt sie als seine Frau mit in seine Heimatstadt. Hier verbringt auch der Puppenspieler Tendler seinen Lebens-

An Pole Poppenspäler erinnert ein →Denkmal vor der Bürgerschule.

abend, muss aber von den biederen Bürgern manche Kränkung erleiden.
Nach der Novelle benannt sind die Pole-Poppenspäler-Tage, die seit 1984 einen wesentlichen Beitrag zur →*Kultur* in Husum leisten. Jedes Jahr begeistert dieses Figurentheater-Festival mit internationaler Beteiligung ein großes Publikum. Ebenfalls mit viel ehrenamtlichem Engagement aufgebaut wurde das Poppenspäler Museum, das sich im →*Schloss vor Husum* befindet. Zu bestaunen sind Handpuppen aus aller Welt, Marionetten- und Papiertheater, ein „internationales Kasperkarussell" sowie Requisiten und Kuriositäten rund um das Puppenspiel.

Der alte Schützenhof

Rathaus

Das am Übergang von der →*Großstraße* zum →*Markt* liegende alte Rathaus stammt von 1601; erst zwei Jahre später erhielt Husum offiziell Stadtrechte. Die Fassade wurde mindestens viermal umgestaltet. Den ursprünglichen Plan fertigte Peter Maastricht, der in Tönning wohnte und wohl aus den Niederlanden stammte. Im Erdgeschoss befand sich eine Arkadenreihe mit Torbögen und einem bis heute erhaltenen Durchlass zum →*Schloss*. Im Obergeschoss lag der Ratssaal. Beim Umbau 1702 wurden u. a. die drei Schweifwerk-Giebel abgetragen, weitere Veränderungen folgten 1809–10. Das Rathaus sah nun in etwa so aus, wie es sich heute wieder darbietet. 1892 gab man dem Gebäude eine historisierende Fassade im Stil der Neorenaissance. Auf dem Hauptgiebel schwebte über den Wappen Husums und Schleswig-Holsteins der Reichsadler – doch der wurde bald wieder entfernt. Bei der Neugestaltung 1971 und 1980 erhielt das Gebäude in etwa das Aussehen von 1810. Nach dem Auszug der Verwaltung erstanden neu die Eingangshalle mit der eindrucksvollen Balkendecke und später der Festsaal im Obergeschoss, den man in Büros unterteilt hatte. Das Gebäude ist jetzt Sitz der Tourist Information. Über die Zeiten erhalten blieben die Gewölbe des

Das alte (linke Seite) und das neue Rathaus

Ratskellers. – Als die Stadtverwaltung mehr Platz benötigte, entstand 1987–89 das neue Rathaus auf dem ehemaligen Gelände der Schiffswerft am Binnenhafen. Geplant von den Hamburger Architekten Dieter Patschan, Asmus Werner und Bernhard Winking, liegt es fast wie ein Schiffsrumpf auf der einstigen Slipanlage, auf der im Westen des Gebäudes ein alter Tonnenleger, die „Hildegard", aufgebockt wurde. Auch die Halle des Rathauses nimmt maritime Elemente auf. Der Neubau war heftig umkämpft. In der architektonischen Fachwelt wird das Gebäude hoch geschätzt. Mittlerweile haben sich die Husumer mit ihrem neuen Rathaus ausgesöhnt.

Rödemis

„Röms blifft Röms", heißt es auf →*Plattdeutsch* noch heute häufig: Rödemis bleibt Rödemis. Die Ortschaft kam erst 1938 zu Husum und blickt auf eine ganz andere Geschichte zurück.

Im Jahre 1319, also vor Husum, wurde der südlich der →*Mühlenau* gelegene Ort erstmals erwähnt. Der Name bedeutet wohl „Rodung am sumpfigen Wald". Das Bauerndorf gehörte bis 1701 zum Gebiet des Bischofs von Schleswig, der zeitweise in Schwabstedt residierte. Der Rödemishof, einstiger Sitz des bischöflichen Stiftsvogts, brannte 1904 ab, die sodann errichtete Villa wich um 1980 einer großen Wohnanlage. Der Bau der →*Eisenbahn* im 19. Jahrhundert sorgte für eine weitere Trennung von der Stadt. Auch kirchlich war man jahrhundertelang nicht auf Husum ausgerichtet, sondern auf Mildstedt, die einstige Hauptkirche der Südergoesharde. 1957 erhielt Rödemis eine eigene Kirche, das Albert-Schweitzer-Haus. Der berühmte Arzt und Theologe persönlich stimmte der Namengebung zu und schenkte eine Altarbibel mit Widmung.

In Rödemis hielt sich länger dörfliches Leben als in Husum. Manches Haus ist nach wie vor mit Reet gedeckt, was in Husum nach großen Bränden schon 1550 untersagt wurde. Ein großer Bauernhof war die Poggenburg in der Beselerstraße 1; „Pogg" bedeutet auf →*Plattdeutsch* Frosch, und zwei dieser Tiere sitzen auf den Eingangspfeilern. Einen eigentümlichen Reiz der Entrücktheit entfalten der kleine Platz Hörn (plattdeutsch für Ecke, Winkel) an der Wilhelm- und der kleine Weg Bracken an der Friedrichstraße. In der vielbefahrenen Wilhelmstraße, durch die früher der gesamte Verkehr von Husum nach Süden floss, stehen zum Beispiel ein idyllisches Reetdachhäuschen (Nr. 4) und ein klassizistisches Landhaus aus den 1860er-Jahren (Nr. 46). In der Zeit

Das „Wahrzeichen" der Poggenburg

des Kaiserreichs errichteten wohlhabende Bürger in Rödemis ansehnliche Villen. An der Friedrichstraße 18 pflanzte man am 50. Jahrestag der schleswig-holsteinischen Erhebung von 1848 eine Doppeleiche, um die Zusammengehörigkeit von Schleswig und Holstein zu symbolisieren. Hier stand bis 2013 die alte Schule, deren Vorläufer bereits 1619 der reiche Bauer und Stiftsvogt Iven Agßen gründete. Manche Straßen in Rödemis wurden nach Größen des Kaiserreichs benannt, etwa nach Friedrich, Wilhelm, Bismarck oder Moltke. In Husum findet man solche Benennungen dagegen nicht.

Reetdachhaus in der Wilhelmstraße 4

Schiffahrtsmuseum

Husum liegt am →*Wattenmeer.* Sein →*Hafen*, die Schifffahrt und der

Schiffbau hatten und haben für die Stadt entscheidende Bedeutung. Alle maritimen Themen der Region werden – auch für Landratten – anschaulich dargeboten im „Schiffahrtsmuseum Nordfriesland". Es ist im 1901 für die Reichsbank errichteten repräsentativen Gebäude am Zingel 15 beheimatet, direkt am Binnenhafen und gegenüber vom neuen →*Rathaus*. Gegründet wurde es 1988/89 von dem Unternehmer-Ehepaar Karin und Peter Cohrs, den langjährigen Inhabern des bekannten Husumer Textilhauses C. J. Schmidt.

Die Fischerei im Wattenmeer wird genauso dargestellt wie der historische Walfang und das Zeitalter der Segelschiffe, die Geschichte der Feuerschiffe und Leuchttürme ebenso wie die Seenotrettung oder die Kunst der Navigation und des Holzschiffbaus. Auf der originalgetreuen Brücke eines kleinen Schiffes lässt sich das Auslaufen realistisch miterleben. Einen besonderen Anziehungspunkt bildet das Wrack eines um 1600 bei Uelvesbüll in Eiderstedt gestrandeten friesischen Frachtseglers, das in einer Zuckerwasserlösung konserviert wurde. Im Freigelände

Das gut 400 Jahre alte „Zuckerschiff"

des Museums sind alte Schiffsmodelle, eine historische Ankersammlung, ein Ruderhaus, ein Rettungsboot, Tonnen, Baken und ein Quermarkenfeuer zu bestaunen.
Wenige Schritte vom Museum entfernt liegt am Zingel 11 der jahrhundertealte „Dragseths Gasthof". Der Straßenname Zingel weist darauf hin, dass hier früher eine Stadtbefestigung, wohl ein Tor mit Palisaden bestand. Die Verlängerung bildet der im 15. Jahrhundert errichtete Damm, wie die Straße noch heute heißt. Durch den Eisenbahntunnel geht es weiter nach →*Rödemis*. Dieser Straßenzug nahm früher den gesamten Verkehr nach Süden auf.

Schloss vor Husum

Das Schloss wurde in den Jahren 1577–82 durch den Gottorfer →*Herzog* Adolf errichtet, und zwar dort, wo zuvor das →*Kloster* der Franziskaner gestanden hatte. Nach der Auflösung im Zuge der Reformation war hier das Siechenstift St. Jürgen eingezogen. Die Armen und Kranken mussten nun dem fürstlichen Prunk weichen. Das Schloss lag außerhalb des „Weichbildes" bzw. – seit 1603 – der Stadt. Noch heute ist deshalb vom „Schloss vor Husum" die Rede. Es wurde erbaut im Stil der niederländischen Renaissance mit mehreren Türmen, Schweifwerkgiebeln und abwechselnd rotem Mauerwerk und hellem Sandstein.

Welcher Baumeister das Schloss – und etwa gleichzeitig das Herrenhaus Hoyerswort und das Schloss in Tönning – errichten ließ, ist unbekannt. Viele Handwerker und Künstler aus den Niederlanden, Frankreich und Spanien wirkten auf Geheiß des Herzogs an der Gestaltung mit. Adolf wollte offenbar mit dem Schloss im florierenden Husum seine Machtstellung an der Westküste zum Ausdruck bringen. Später diente es als Witwensitz.

Aus der Zeit der Herzogin Augusta stammen das schöne →*Torhaus* sowie die prächtigen Alabaster- und Sandsteinkamine. Drei davon schuf um 1614 der bekannte Bildhauer Henni Heidtrider. Herzogin Maria Elisabeth ließ das Schloss weiter ausbauen. Bald bestand hier eine große Gemäldesammlung mit etwa 600 Bildern. Für Husum und die Umgebung hatte es große kulturelle und ökonomische Bedeutung. Immerhin gehörten zum Hofstaat 85 Personen, darunter ein Hofzwerg. Nach dem Tod der Herzogin 1684 stand das Hauptgebäude zumeist leer.

Als das Schloss 1721 in den Besitz des dänischen Königs gelangte, geriet der Bau der einstigen Konkurrenten noch mehr in den Windschatten. Im Gegensatz zum Tönninger Schloss wurde es immerhin nicht abgerissen. Erst König Friedrich V. zeigte wieder Interesse und ließ das bereits baufällige Schloss 1751/52 durch den Landesbaumeister Otto Johann Müller im Sinne des Barockstils erneuern, wenn auch in stark zurückgenommener Weise. Die seitlichen Türme und vieles mehr verschwanden. Der Hauptturm wurde nach erneuter Vernachlässigung 1792 weitgehend abgetragen. Das einst prächtige Schloss war nur noch ein Torso.

Seit 1752 diente das Gebäude als Sitz des Amtmanns für das Amt Husum, der bis dahin nebenan im Kavaliershaus ansässig war. Kam der Landesherr aus Kopenhagen zu Besuch, dann wohnte er in den Räumen südlich des Turms. Als Schleswig-Holstein 1867 preußische Provinz geworden war, zogen die Verwaltung des neuen Kreises Husum sowie das ebenfalls neugeschaffene Amtsgericht in das Schloss. Königlicher Glanz entfaltete sich noch einmal, als der preußische Kronprinz und spätere Kaiser Friedrich III. hier nächtigte. Nach dem Ersten Weltkrieg ging das Schloss in den Besitz des Kreises Husum über. Die Verwaltung weitete sich immer mehr aus. Aus großen Sälen wurden kleine Büroräume. Als 1972 das →*Kreishaus* für den neuen Kreis Nordfriesland errichtet war, konnte eine umfassende Restaurierung beginnen; 1979 wurde auch die „Residenz" des Landrats im Schloss aufgehoben. Eine Rückführung auf das ursprüngliche Renaissance-Schloss erwies sich als unmöglich. Stattdessen wurde der barocke Zustand von 1752 weitgehend wiederhergestellt. Das Werk erfuhr seine Krönung, als der Mittelturm 1980 seinen Helm zurückerhielt, seitdem mit 43 Metern der höchste Turm Husums.

Das einzige erhaltene Schloss an der Westküste Schleswig-Holsteins dient heute vor allem als Museum und vermittelt manche Eindrücke vom einstigen höfischen Leben. Die für das Barock typische Abfolge von Treppenhaus, Rittersaal, Audienzsaal und Schlafgemach lässt sich gut nachvollziehen. Sechs Kamine sind zu bewundern. Beim „Todeskampfkamin" im zentralen Rittersaal handelt es sich um eine Kopie. Das von Henni Heidtrider geschaffene Original wurde 1919 in das Bode-Museum auf der Berliner Museumsinsel gebracht, als das Schloss von Preußen auf den Kreis Husum überging; die Nachbildung schmückt den Saal erst seit 1992. Eindrücklich wird der Kampf des Lebens mit dem Tod dargestellt. Als Original erhalten ist der Kamin im Fortunasaal, der die Glücksgöttin beim Verteilen ihrer Gaben zeigt, ähnlich wie der Augusta-Kamin im Erdgeschoss. Die Schlosskapelle erhielt 1988 ihre ursprüngliche Form zurück. Hier kann man heute die Liebe seines Lebens heiraten. Über eine Wendeltreppe ist der „Fürstenstuhl" zu erreichen, von dem aus die Hoheiten

Der „Balusterkamin" im Grünen Saal des Schlosses zeigt den Triumph der Liebe und der Keuschheit.

dem Gottesdienst beiwohnten. Vor einigen Jahren wurde der Garten auf der von einem breiten Graben umschlossenen Schlossinsel rekonstruiert. Das →*Poppenspäler* Museum und die Kreismusikschule haben im Schloss ihren Sitz. Im Dachgeschoss wird vorwiegend zeitgenössische Kunst präsentiert. In den gewölbten Räumen des ehemaligen Küchentrakts lädt das Schloss-Café zum Verweilen ein. Im 19. Jahrhundert befand sich hier das Gefängnis des Amtsgerichts. Nicht versäumen sollte man einen Spaziergang durch den Schlossgarten, der besonders zur →*Krokusblüte* Zehntausende anzieht.

Zwei bedeutende Frauen wurden im Schloss geboren: die Malerin Charlotte von Krogh, Tochter des dänischen Amtmanns, und die Schriftstellerin Franziska zu Reventlow, Tochter des ersten preußischen Landrats. In ihrem Roman „Ellen Olestjerne" setzte sie dem Schloss, das sie „Nevershuus" nennt, ein literarisches Denkmal. Auch →*Storm*, der hier als Amtsrichter tätig war, ließ sich von dem geschichtsträchtigen Gebäude inspirieren.

Schobüll

Seit 2007 gehört die bis dahin selbstständige Gemeinde Schobüll zur Stadt Husum. Der Ortsname stammt ursprünglich aus dem Dänischen und bedeutet „Walddorf". Die Bäume wurden jedoch abgeholzt, und Heide breitete sich aus. Erst zu Beginn des 20. Jahrhunderts wurde wieder aufgeforstet. Der Wald, der zu Spaziergängen einlädt, gehört zum Landschaftsschutzgebiet „Schobüller Berg". Dieser „Berg" erreicht zwar nur 31 Meter, gehört jedoch in Nordfriesland bereits zu den höchsten Erhebungen. Hier in Schobüll erstreckt sich die sandige Geest, einmalig an der schleswig-holsteinischen Festlandsküste, bis unmittelbar an die Nordsee. Ein Deichschutz ist nicht notwendig und es bietet sich ein freier Blick auf das →*Wattenmeer*.

Noch vor einem halben Jahrhundert war Bauland in Schobüll für wenig Geld zu haben, denn die Heide taugte nicht für eine landwirtschaftliche Nutzung. Heute zählen dortige Grundstücke zu den teuersten in Husum. Die stadtnahe Lage zugleich am Meer und am Wald ist begehrt. Der Luftkurort mit etwa 1600 Einwohnern zieht viele Touristen an.

Nicht versäumen sollte man einen Besuch im „Kirchlein am Meer", das als Kapelle bereits 1305 erwähnt wurde; drei fromme Jungfrauen sollen der Sage nach an der Gründung mitgewirkt haben. Der sehr hohe Turm, der als Seezeichen für nach Husum fahrende Schiffe diente, stürzte 1780 ein und wurde stark verkürzt wieder aufgebaut. Der schlichte, dennoch beeindruckende Ziegelbau wird auch von Nicht-Schobüllern gern für Hochzeiten oder Taufen genutzt. Im Dorf finden sich manche Reetdachhäuser im Baustil der →*Friesen*. In einer Kate aus dem Jahr 1790 zeigt die im Ortsteil Halebüll gelegene „Galerie Lüth" zeitgenössische Kunst.

Das „Kirchlein am Meer" in Schobüll

Eine lohnende Wanderung oder Radtour führt von Husum am →*Hafen* und am Deich entlang zum →*Dockkoog* und weiter am Deich und Wattenmeer nach Schobüll. Zurück kann man am Waldrand auf dem Bergweg und Tykisberg sowie dann über den Grünen Weg nach Hockensbüll und weiter nach Husum gehen oder fahren und schöne Ausblicke genießen.

Schulen

Bereits 1438 ist in Husum eine Schule nachgewiesen. Die „Lateinschule", später „Gelehrtenschule" genannt, wurde im 16. Jahrhundert, der Überlieferung nach 1527 durch den Reformator Hermann Tast, im evangelischen Sinne neu gegründet. Sie befand sich in der →*Süderstraße* 1a, hinter der →*Marienkirche*. Lange Zeit war sie das einzige Gymnasium in Nordfriesland. 1867, als Schleswig-Holstein preußisch wurde, erhielt die Schule schräg gegenüber einen imposanten Neubau. Am Königlichen Gymnasium waren bedeutende Lehrer tätig. Besonders bekannt wurde der Ostfriese Rudolf Eucken (1846–1926), in Husum 1867–69, der als Professor für Philosophie in Basel und Jena wirkte und 1908 den Nobelpreis für Literatur erhielt. Das Gymnasium, das 1914 nach dem Reformator Hermann Tast benannt wurde, war lange Zeit dem männlichen Geschlecht vorbehalten. Eine private „Töchterschule" gründete 1866 die aus Flensburg stammende Sophie Jacobsen (1829–1917). Seit 1914 firmierte die Anstalt als städtisches Lyzeum. 1932 nach Theodor Storm benannt, wurde sie Husums zweites Gymnasium. Beide Schulen erhielten 1966 bzw. 1974 moderne Gebäude. Aus dem alten Gymnasium in der Süderstraße wurde ein Hotel.

Elementarschulen fanden sich über die ganze Stadt verstreut. 1876 konnte ein großes Schulgebäude für alle Kinder eröffnet werden, die „Centralvolksschule", heute Bürgerschule. Der Backsteinbau mit hohen und hellen Klassenzimmern in der Asmussenstraße 1 wurde bald wieder zu klein. Heute bestehen in Husum mehrere Grundschulen. Die erste „Mittelschule" entwickelte sich aus der 1905 in der Brinckmannstraße 42 eröffneten „Neuen Schule". Heute firmiert sie als Gemeinschaftsschule Nord. Eine weitere, benannt nach dem Soziologen Ferdinand Tönnies, besteht in der Flensburger Chaussee.

Neben dem allgemein bildenden entwickelte sich ein beruflich orientiertes Schulwesen. Seit etwa 1839 bestand eine Sonntagsschule für die Aus- und Weiterbildung junger Handwerker. Der 1857 gegründete Handwerkerverein betrieb Unterricht in verschiedenen Sparten im Handwerkerhaus in

Altes Gymnasium in der Süderstraße, seit 1996 Hotel

der Süderstraße. Die Kreisberufsschule mit Hauptsitz im 1951 errichteten Gebäude in der Herzog-Adolf-Straße 3 vermittelt heute 4000 Schülern vielfältige Kenntnisse. Sie unterhält auch ein berufliches Gymnasium mit den Fachrichtungen Ernährung, Technik und Wirtschaft.

Eine der weithin größten Ausbildungsstätten für Menschen mit Behinderungen ging aus einem 1948 gegründeten Versehrtenwerk hervor. Das Theodor-Schäfer-Berufsbildungswerk bildet heute 600 Menschen in zwölf Berufsfeldern aus. Die Volkshochschule Husum, seit 2013 am Stadtrand in der Schobüller Straße 38–40 untergebracht, bietet jährlich fast 1000 Kurse und Lehrgänge an. Bereits 1892 hatte sich in Husum ein „Verein für Volkswohl" gebildet, um die „Volksbildung" zu heben.

Sperrwerk

Bis weit ins 19. Jahrhundert hinein überströmte das Nordseewasser bei hohen →*Sturmfluten* Teile der Altstadt, lief manchmal sogar heran an den Husumer →*Marktplatz*. Seit 1858 schützt ein Sperrwerk – oftmals noch heute nicht ganz zutreffend Schleuse genannt – Husum vor tosenden Fluten. Doch dieses Bollwerk versperrte andererseits größeren Schiffen den Weg in den →*Hafen*.
Die erste „Schleuse" entstand 1858, also noch in dänischer Zeit. Sie lag etwa 300 Meter östlich der heutigen. Bald schon erwies sie sich mit einer lichten Weite von acht Metern als zu schmal. Bürgermeister Adolf Menge beklagte, ein Teil der Einfuhr müsse über andere Häfen geleitet werden. 1902–04 wurde ein neues Bauwerk mit einer Weite von zwölf und einer Wassertiefe von fünf Metern errichtet. Kurz vor ihrer Fertigstellung brach bei heftigem Sturm am 6. April 1904 ein Tor der alten Schleuse, und die ganze Hafengegend wurde überschwemmt.
Dieses Sperrwerk verfügte nur über ein Fluttor. So wurde 1960, bereits an

der heutigen Stelle, eine neue „Schleuse" mit doppeltem Schutz eingeweiht. Bei der großen Flut 1962 bestand sie ihre Bewährungsprobe. Aber bald schon stellte sich heraus, dass sie mit einer lichten Weite von 13,50 Metern zu schmal war. Insbe-

sondere die Werft sah sich in ihren Möglichkeiten eingeschränkt. 1974 konnte das noch heute bestehende Sperrwerk mit einer Durchfahrtbreite von 22 Metern seiner Bestimmung übergeben werden. Das Bauwerk schützt seitdem die Stadt Husum zuverlässig vor Sturmfluten. Die markant geformte Kommandobrücke ist rund um die Uhr besetzt. Sie bietet wohl den Arbeitsplatz mit der schönsten Aussicht in Husum, mal auf die sturmgepeitschte See, mal auf stimmungsvolle Sonnenuntergänge.

Storm-Stätten

„Jedes siebte Haus in Husum ist eine Storm-Stätte." Diesen Eindruck gewann ein Husum-Besucher nach einem Stadtrundgang. Ganz falsch lag er nicht. Husum ist in vielfacher Weise verwoben mit dem Lebensweg und dem Werk des Dichters. Wir folgen den wichtigsten Storm-Stätten auf einem Rundgang.

Wer auf dem →*Marktplatz* steht, hat gleich mehrere im Blick. Im Haus Markt 9 wurde er am 14. September 1817 geboren, und zwar im Zimmer oben links. Das Haus sieht heute allerdings ganz anders aus als damals. Im Kirchenbuch eingetragen wurde der 15. September, doch Storm glaubte seiner Mutter mehr „als dem alten Propsten". Schon im Jahr nach der Geburt zog die Familie in die Neustadt 56 um. Im oberen Saal des →*Rathauses* trug der Primaner Storm sein erstes Gedicht vor, hier dirigierte er später seinen Singverein. Auf dem Rathausboden wohnt in der Erzählung „Der Amtschirurgus" ein absonderlicher Rattenzähmer. Der auf dem Platz jeweils donnerstags gehaltene Wochenmarkt spielt in verschiedenen Novellen eine Rolle. In der Mitte des

Geburtshaus, Markt 9

Marktplatzes steht seit 1902 die →*Tine*; der eigentliche Name des Denkmals, Asmussen-Woldsen-Brunnen, deutet eine verwandtschaftliche Verbindung mit Storms Mutter Lucie Woldsen an. Der Dichter hieß mit vollem Namen Hans Theodor Woldsen Storm.

Dem Geburtshaus schräg gegenüber, also „drüben am Markt", liegt in der →*Großstraße* 30 ein schönes Kaufmannshaus, das in der gleichnamigen Novelle eine Rolle spielt. Die klassizistische →*Marienkirche* – beim Baubeginn war Storm zwölf Jahre alt – mochte er nicht. Er nannte sie „ein gelbes, hässliches Kaninchenhaus" mit einem „Turm wie eine Pfefferbüchse". In die alte Marienkirche verlegte er eine bewegte Szene seiner Novelle „Renate". Der →*plattdeutsche* Spruch auf einer Sandsteintafel am Eckhaus Markt/Krämerstraße spielt eine wichtige Rolle in der Novelle „Aquis submersus".

Das einstige Eckhaus Schiffbrücke/Twiete steht in Verbindung mit drei Storm-Novellen. Für „Immensee" bildet es den Rahmen. Hier, im Hause seiner Urgroßmutter, „der alten Frau Senator Feddersen", las Storm, so wenigstens berichtet er in „Der Schimmelreiter", zum ersten Mal von dem unheimlichen Gespenst, das sich bei bedrohlichen Sturmfluten zeigt. Das Haus ist zudem Schauplatz der Novelle „Carsten Curator". Sie handelt von der vermeintlich heilen Welt des Bürgertums, die von Verfall und Vergänglichkeit bedroht ist, und nimmt so Motive aus Thomas Manns „Buddenbrooks" vorweg. Auch der Husumer →*Hafen* und das →*Wattenmeer* sind natürlich Storm-Stätten.

Elternhaus, Hohle Gasse 3

In der →*Wasserreihe* 31, wo Storm 1866–80 wohnte, befindet sich das →*Storm-Zentrum*. Wenige Schritte entfernt, in der Hohlen Gasse 3, steht Storms Elternhaus; hier verlebte er seit 1820 seine Kindheit und Jugend. Das traufständige Gebäude ist Schauplatz der Novelle „Unter dem Tannenbaum".

Storm war nach eigener Aussage ein „Weihnachtshase", er zelebrierte das Fest. Einige der schönsten deutschen Weihnachtsgedichte stammen von ihm. Im Storm-Haus in der Wasserreihe wird in der Adventszeit ein Tannenbaum geschmückt, wie es bei ihm üblich war, im →*Weihnachtshaus* steht ein solcher sogar das ganze Jahr über. Dem Elternhaus gegenüber, in der Hohlen Gasse 8, lag das Stammhaus der Familie Woldsen, zu der Storms Mutter gehörte. Von seinem Vorfahren Friedrich Woldsen berichtete der Dichter, er sei „der letzte große Kaufherr" Husums gewesen, „der seine Schiffe in See hatte und zu Weihnachten einen Marschochsen für die Armen schlachten ließ". Hier und in der Nachbarschaft spielt die Novelle „Die Söhne des Senators". Auf dem →*Friedhof* an der →*Neustadt* sind Storms Eltern und weitere Verwandte begraben.

In dem schönen Doppelgiebelhaus Neustadt 56 mit Zahlenankern 1675 betrieb Storm, rechts vom Eingang, seit 1845 seine Kanzlei als Advokat; noch heute sind darin Rechtsanwälte tätig. Hier wohnte er seit 1846 mit seiner Frau Constanze Esmarch. In dem Haus schrieb er sein berühmtes Gedicht über die →*„graue Stadt am Meer"*, außerdem die Novelle „Immensee" und für seinen ältesten Sohn Hans die Erzählung „Der kleine Häwelmann". Von hier aus ging er 1853 ins Exil nach Potsdam, später Heiligenstadt. Zum bitteren Abschied dichtete er:

Kein Wort, auch nicht das kleinste, kann ich sagen,
Wozu das Herz den vollen Schlag verwehrt;
Die Stunde drängt, gerüstet steht der Wagen,
Es ist die Fahrt der Heimat abgekehrt.

Zehn Jahre nach Storms Tod wurde 1898 das →*Denkmal* im Schlossgarten enthüllt. Der Dichter erwähnt den Park in „Aquis submersus". Im →*Schloss vor Husum* wollte er mit seinem Chor 1845 den dänischen König begrüßen, doch der Einsatz missglückte zu seinem Leidwesen. Manche Erinnerungen an das Gebäude finden sich in der 1861 erschienenen Novelle „Im Schloss". Später war er hier im Südflügel als Amtsrichter tätig.

Am alten Gymnasium in der →*Süderstraße* machte sein Sohn Ernst das Abitur; Storm selbst besuchte noch die Gelehrtenschule gegenüber. Mehrfach hielt er Vorträge in der Aula des 1867 er-

Storm-Denkmal im Schlossgarten

richteten Gebäudes und rezitierte aus seinen Werken. Dort probte er jeden Montagabend mit seinem Gesangverein. Als Storm 1864 aus Heiligenstadt nach Husum zurückkehrte, wohnte er zunächst in dem schönen zweistöckigen Giebelhaus in der Süderstraße 12. Hier wirkte er als Landvogt, hier besuchte ihn im Herbst 1864 der Dichter Theodor Fontane, der allerdings über Storms →*„Husumerei"* mäkelte. Als seine Frau Constanze am 20. Mai 1865 im Kindbett gestorben war, hielt er es im Haus nicht mehr aus und zog in die →*Wasserreihe* 31.

Der alte Schützenhof in der Süderstraße 42 ist Schauplatz der Novelle →*„Pole Poppenspäler"*. Motive des Husumer →*„Klosters"* finden sich in den Novellen „In St. Jürgen" und „Bötjer Basch". Auf dem Friedhof wurde Storm, der am 4. Juli 1888 in Hademarschen gestorben war, in der Familiengruft der Woldsens beigesetzt. Sie ist „in die Tiefe gebaut", reicht 3,20 Meter herab. In der Novelle „Unter dem Tannenbaum" heißt es: „Ich war hinabgestiegen und stand unten in der Dunkelheit zwischen den Särgen, die neben und über mir auf den eisernen Stangen ruhten, die ganze alte Zeit, eine ernste schweigsame Gesellschaft." 36 Mitglieder der Familie Woldsen ruhen hier. In der Gruft ließ er 1865 frühmorgens seine erste Frau bestatten; „als die neugierige Stadt erwachte, hatte ich schon all mein Glück begraben."

Storm-Zentrum

Im Jahr 1866, nach dem Tod seiner ersten Frau, Constanze, zog der Dichter mit seinen Kindern in das „vortrefflich zurechtgebaute" Haus in der →*Wasserreihe* 31. Die Geschichte des Grundstücks reicht bis ins endende Mittelalter zurück; noch bis 1875 musste Storm die 1472 verhängte „Rebellensteuer" bezahlen. Das heutige Gebäude wurde um die Mitte des 18. Jahrhunderts errichtet. Es gehörte einem Branntweinbrenner und repräsentiert den Typ der damaligen Kaufmannshäuser in der Hafenstadt, wie sie Storm mehrfach in seinen Novellen aufscheinen lässt. Er liebte die altbürgerliche und geschichtsträchtige Atmosphäre. Nicht zuletzt erfreute er sich an dem Garten.

Die längste zusammenhängende Schaffensphase verbrachte er hier. Doch immer wieder klagte er, seine dichterische Kraft sei zu Ende, seine Fantasie nur noch ein kranker Vogel, der die Schwingen am Boden schleife. Trotz dieser Zweifel und Ängste schrieb er in seinem „Poetenstübchen" großartige Gedichte und im Lauf von 14 Jahren fast 20 Novellen, darunter einige seiner bekanntesten wie →*„Pole Poppenspäler"*, „Aquis submersus", „Renate" und „Die Söhne des Senators". Von hier aus verschickte er über 1000 Briefe an Dichterkollegen, Literaturwissenschaftler, Verleger – Zeichen eines reichen geistigen Austausches und heute unerschöpflicher Quell für Storm-Forscher. Familienbriefe zeugen zum Beispiel von seinen Sorgen um seine Kinder, insbesondere seinen ältesten Sohn Hans, den „ganz Verlorenen", wie er 1871 schrieb. Eine Novelle spielt sogar in dem Haus, in dem sie entstanden ist: In „Viola tricolor" nimmt Storm intime Probleme seiner eigenen Ehe und Familie auf, nachdem seine zweite Frau Dorothea Jensen, seine ehemalige Geliebte, Stiefmutter der sieben Kinder geworden war. Viola tricolor ist der lateinische Name für Stiefmütterchen. Dorothea brachte hier 1868 Storms achtes Kind zur Welt.

Im Jahre 1880 verließ der Dichter das Haus in der Wasserreihe und ging in die „ländliche Freiheit", nach Hademarschen. Bauliche Veränderungen wurden seitdem kaum vorgenommen. Als das Gebäude 1969 zum Kauf angeboten wurde, wandte sich die seit 1948 bestehende Theodor-Storm-Gesellschaft mit der Bitte an die Stadt Husum, das

Storm-Museum (links) und Storm-Archiv

Haus zu erwerben, den „Stormverehrern in aller Welt" ein „Dichterzimmer" zugänglich zu machen und so „ein einzigartiges Kulturdenkmal der Nachwelt zu erhalten". 1972 zog die Storm-Gesellschaft mit Sekretariat, Bibliothek und Archiv von ihrem bisherigen Domizil im →*Nissenhaus* in die Wasserreihe 31. Ab 1978 wurde das gesamte Gebäude als Storm-Haus genutzt. Das Storm-Archiv befindet sich seit 2006 im Nachbarhaus. So ist hier ein Zentrum für die Erinnerung an und die Forschung über den Dichter entstanden.

In liebe- und mühevoller Arbeit wurden originales Mobiliar und Inventar für das Museum zusammengetragen. Ursprünglich stammte nur ein einziges Stück aus Storms Besitz: das Tafelklavier, das er zu Weihnachten 1858 in Heiligenstadt von seinem Vater geschenkt bekommen hatte. Heute kann man ganz in Storms Welt eintauchen. Dass in Husum ein Dichter-Museum besteht wie kaum ein zweites in Deutschland, gehört zum Lebenswerk Karl Ernst Laages, des bekannten Storm-Forschers und Husumer Ehrenbürgers.

Sturmfluten

Die Geschichte der Stadt Husum ist schicksalhaft verbunden mit der ihres Umlandes. Dies zeigen besonders eindringlich zwei wichtige Geschichtszahlen Nordfrieslands: 1362 und 1634. Es sind die Jahre großer Sturmfluten. Bei der ersten „Mandränke" wurde die Küste großflächig umgestaltet. Husum erhielt Zugang zur Nordsee – eine Voraussetzung seines Aufstiegs. Viele Überlebende suchten vermutlich ihr Unterkommen in Husum. Die zweite „Mandränke" 1634 brachte zwar auch einen Zuzug aus

Sturmflut am Husumer →Sperrwerk

dem von der Flut betroffenen Gebiet, wirkte aber eher nachteilig für die Stadt. Denn sie zerstörte die wohlhabende Bauerninsel Alt-Nordstrand, mit deren Produkten Husum Handel trieb.

An einem Pfahl am →*Hafen* werden die zum Teil geschätzten Wasserstände der schwersten Fluten markiert. Ein weiterer findet sich am Dienstgebäude des Landesbetriebs für Küstenschutz, Nationalpark und Meeresschutz (LKN) nahe dem Bahnhof. Die Behörde ist für den Schutz der Küste an der gesamten Nord- und Ostseeküste Schleswig-Holsteins zuständig und setzt damit eine Husumer Tradition fort.

Süderstraße

Die Süderstraße weist markante Gebäude auf und zeigt noch manches vom Husum früherer Zeiten. Der Bereich nahe der →*Marienkirche* wurde auf →*Plattdeutsch* einst „Papenstraat" (Pfaffenstraße) genannt, denn hier wohnten viele Pastoren und Lehrer. Hinter der Kirche befand sich die Gelehrtenschule. Gleich nach der Übernahme durch Preußen wurde 1867 gegenüber in der Süderstraße 6 ein neues Gymnasium errichtet. Den repräsentativen neugotischen Ziegelbau entwarf der Regierungsbauinspektor Johannes F. Holm. Das Gymnasium zog 1974 an den Bahndamm und das Gebäude in der Süderstraße wurde 1996 zu einem Komfort-Hotel umgestaltet; in der Nachbarschaft entstanden Baulücken. Gegenüber der nach dem Krieg von 1870/71 gepflanzten „Friedenseiche" liegen zwei der für Husum typischen einstöckigen Giebelhäuser. In Nr. 13 wohnte der Reformator Hermann Tast, nach dem das Gymnasium 1914 benannt wurde. Das gut erhaltene zweistöckige Giebelhaus Süderstraße 12 stammt aus dem 18. Jahrhundert, es gehörte der Herr'schen Prediger-Witwenstiftung und diente Theodor →*Storm* 1864–66 als Wohnhaus. Das klassizistische Gebäude daneben wurde 1842 für den Subrektor der Gelehrtenschule errichtet. Der Schützenhof (Nr. 42), erbaut um 1586 zur Zeit →*Herzog* Adolfs, gehörte der Husumer Schützengilde, die ursprünglich wohl nicht nur ein Geselligkeitsverein, sondern auch eine Art

Giebelhäuser, Süderstraße 11 und 13

Bürgerwehr war. Storm machte das Gebäude zu einem Schauplatz seiner Novelle →*„Pole Poppenspäler"*. Hier weitet sich die Süderstraße zu einem kleinen dreieckigen Platz, an dem ein schönes Giebelhaus mit Zahlenankern 1729 steht. Die Begrenzung zur Straße Plan – der Name ist abgeleitet von einem einstigen „Ziegelhofplan" – bildet ein markantes Backsteingebäude (Süderstraße 57), das frühere Kompastorat, erbaut 1867, ebenfalls entworfen von Johannes F. Holm. Hier wurde eine bekannte →*Persönlichkeit* geboren, Oskar Vogt, den eine Gedenktafel am Haus den „bedeutendsten Hirnforscher des 20. Jahrhunderts" nennt.

Weiter nach Osten wird das Straßenbild zumeist bestimmt von eingeschossigen Traufenhäusern, den bescheidenen Wohnungen der „kleinen Leute". Liebevoll gemalt und in einem Buch dokumentiert wurde die Straße von der Künstlerin Margareta Erichsen (1916–2006). Im eigentlich aus drei Häusern bestehenden Handwerkerhaus (Nr. 97) mit Maierankern von 1743 nahm im 19. Jahrhundert das berufliche Schulwesen Husums einen Anfang. Wie ein ländliches Anwesen wirkt das mit klassizistischem Eingangsportal geschmückte Backsteinhaus Nr. 101. Das zweistöckige Haus Nr. 82 ist mit Sandsteinelementen geschmückt. Der Straßenzug weist an der Südseite mittlerweile Lücken auf, weil wohlhabende Husumer in der zweiten Reihe Wohnhäuser erbauten.

Die Süderstraße mündet an einer Blutbuche ein in die Osterhusumer Straße. Nach links zweigen zwei schöne Villenstraßen ab, die im Kaiserreich entstanden: der Mönkeweg, benannt nach den Mönchen, die in der Nähe einstmals eine Ziegelei betrieben, und die Adolf-Menge-Straße, die an einen tatkräftigen Bürgermeister aus der Zeit des Kaiserreichs erinnert. Zur Linken liegt in der Osterhusumer Straße 17 das um 1850 von dem reichen Bürger Hans Hansen Engel im Stil des Klassizismus errichtete herrschaftliche Anwesen, das er „Engelsruh" nannte. An der Abzweigung der Ostenfelder Straße ist links ein Langhaus friesischer Prägung zu sehen. Vom Bahnübergang an der Ostenfelder Straße aus kann man unmittelbar an der →*Mühlenau* in die Stadt zurückspazieren.

Tine

In der Mitte des →*Markts* steht der Tinebrunnen. Er wurde zu dem Wahrzeichen der Stadt Husum. „Tine" ist wohl eine der populärsten Frauen Nordfrieslands. Auf der steinernen Umfassung des Brunnens lassen sich im Sommer gern Menschen mit einem Eis in der Hand nieder. Häufig wird das Standbild von Besuchergruppen umlagert.

Die „Tine", wie der Volksmund die auf einem Granitsockel postierte Bronzestatue gleich taufte, wurde von Anfang an als Sinnbild für Husum gesehen. Die junge Friesin blickt seewärts und hält in der Rechten ein Ruder, womit die Schifffahrt symbolisiert wird. Den „malerischen Faltenwurf" ihres Rockes sah der Bildhauer Brütt als „Ausdruck der Seeluft". Einige Kritik zogen die Holzschuhe auf sich. Es hieß, die Figur personifiziere die Armut. Dabei sollte das Denkmal doch den gewachsenen Wohlstand und den neuen Bürgerstolz ausdrücken! Bürgermeister Adolf Menge bat sogar um eine Alternativstatue in herkömmlichem Schuhwerk. Brütt wehrte dieses Ansinnen ab mit der Feststellung, dass „man

Details am Tinebrunnen: Kinder, die einen Reigen tanzen; der Haubarg verweist auf das Erbe.

niemals in einem hübschen, jungen und gesunden Weibe, es mag anhaben, was es will und wenn es Lumpen sind, die Armut erblickt, sondern den besten Reichtum, der auf der Welt zu haben ist". Eine junge Husumerin, die damals 23-jährige Dora Fuchs, hatte dem Bildhauer Modell gestanden. Es ist schon sehr ungewöhnlich, dass die Husumer auf dem Höhepunkt des auf Repräsentation und Nationalstolz bedachten Kaiserreichs eine einfache Frau mit Holzschuhen in die Mitte ihres Marktplatzes stellten!

Reliefs am Sockel zeigen die Wappen Husums und Schleswig-Holsteins sowie einen Haubarg und Kinder, die einen Reigen tanzen. Dies verweist auf das Asmussen-Woldsensche Vermächtnis mit dem Roten Haubarg und dem Kindergarten. In den Brunnen speien Fische Wasser, Ochsenköpfe scheinen es zu trinken. Hierin kommen die der Stiftung zugrunde liegenden wirtschaftlichen Erwerbsquellen Seefahrt und Viehhandel zum Ausdruck. Sie bildeten die Basis für den Aufschwung der Stadt Husum.

Das Denkmal erinnert an zwei →*Persönlichkeiten*, die ihr Vermögen der Stadt Husum zu wohltätigen Zwecken vermachten: Anna Catharina („Tine") Asmussen hatte ein großes Kapital und Ländereien sowie das Stamm-

haus der Familie am Markt 17 geerbt und die Geschäfte erfolgreich weitergeführt. Ihr Vetter August Friedrich Woldsen, geboren 1792 in Husum, ebenfalls unverehelicht gestorben 1868 in Hamburg, hatte in der Hansestadt als Großkaufmann und Schiffsreeder ein Vermögen erworben. Das 1859 errichtete Asmussen-Woldsensche Vermächtnis bestand u. a. aus über 100 Hektar besten Marschlandes mit dem Roten Haubarg in Eiderstedt als Mittelpunkt. 1866 stiftete Woldsen ein noch heute bestehendes Wohnheim für Witwen in der Nordhusumer Straße 11, ein schönes Reetdachgebäude. Im Jahre 1874 entstand im Haus Norderstraße 2 eine „Warteschule", also ein Kindergarten.

Woldsen wurde 1864 – „sofort nach Abgang der dänischen Beamten" – zum Ehrenbürger der Stadt Husum ernannt. Asmussen blieb diese Ehre als Frau versagt. Zwei Straßen wurden nach ihnen benannt. Überdies wollte die Stadt mit einem Denkmal in der Mitte Husums die Erinnerung an die beiden Wohltäter wachhalten. Bereits 1890 hatte ein Bürgerverein zu

Das Haus Markt 17 heute

Inschrift am Witwenstift

diesem Zweck ein Komitee gebildet und mit der Sammlung von Spenden begonnen. Der Soziologe Ferdinand Tönnies schlug in Leserbriefen an die Husumer Zeitungen vor, anstelle eines Monuments ein „Asmussen-Woldsen-Volkshaus" zu errichten mit Badeanstalt, Lesesaal und Ausschank alkoholfreier Getränke. Ein solches könne „den Arbeiter mit dem Gelehrten, den Gymnasiasten mit dem Handwerks- oder Kaufmannslehrling zusammenführen", und „das würde ein Gewinn fur das gegenseitige Verständnis und für die Eintracht sein, welche in einer Stadt so notwendig ist wie der Atem im menschlichen Körper". Man entschied sich aber für einen Denkmalsbrunnen. Wie schon das Storm-Denkmal vier Jahre zuvor wurde es von dem aus Husum stammenden namhaften Bildhauer Adolf Brütt geschaffen und am 5. Oktober 1902 eingeweiht.

Torhaus

Das Torhaus an der Schlossstraße gehört zu den ältesten und zugleich schönsten Häusern in Husum. Es bildete einst den Eingang zum herrschaftlichen Areal des →*Schlosses* und wurde, wie die Zahlenanker im Ostgiebel ausweisen, 1612 erbaut.

Das zweigeschossige Gebäude weist markante Schweifwerkgiebel auf. Die einstige Tordurchfahrt ziert ein Portal aus Sandstein mit Doppelpilastern an den Seiten, bekrönt von dem Wappen der Herzogin Augusta, dem des dänischen Königshauses. In drei Nischen finden sich Figuren antiker Göttinnen: links Aphrodite/Venus mit einem kleinen Amor und rechts Athene/Minerva. Die dritte obere Nische stand lange leer, da die Figur der Hera/Juno verschollen war. Sie wurde 2003 wiedergefunden, war jedoch in mehrere Teile zerbrochen. Ein Abguss nimmt nun den Platz ein. Das Original ist im Schloss zu sehen. Heute wird das Torhaus, das sich im Besitz des Kreises Nordfriesland befindet, für Büros genutzt.

Außer dem Torhaus blieb von den einst zahlreichen Nebengebäuden des Schlosses bei der umfassenden Neugestaltung 1751/52 nur noch das Kavaliershaus an der westlichen Seite des Geländes erhalten. Es wurde in den 1630er-Jahren wohl als Gästehaus des Hofes errichtet. Später hatte hier bis 1752 die Verwaltung des Amtes Husum ihren Sitz. Das Backsteingebäude mit seinen Treppengiebeln und dem turmartigen Erker wirkt fast wie eine kleine Burg. Nach seinen früheren, aus Eiderstedt stammenden Eigentümern wird es auch als Tönniessches Haus bezeichnet. Ferdinand Tönnies verfasste hier Teile seines Werks „Gemeinschaft und Gesellschaft". Das Kavaliershaus befindet sich auch heute in Privatbesitz. Es ist nicht vom Schlossgelände, sondern nur durch einen Gang von der →*Neustadt* aus zu erreichen. So wirkt es unnahbar, fast verwunschen.

Das Kavaliershaus

Das Torhaus

Viehmarkt

Husum lag am westlichen „Ochsenweg“ und zudem nahe der fruchtbaren Marschen. Einen ersten Viehmarkt dürfte es nahe der →*Großstraße* gegeben haben, wovon noch heute der Straßenname Quickmarkt zeugt. Ganz im Norden der Stadt findet sich die Straße Ochsenkamp.
Im Zeitalter der Industrialisierung erlangte der Viehhandel überragende Bedeutung und wurde zu einem Lebensnerv der Stadt. Husum galt als „Fleischkammer des Nordens“. Der Viehmarkt entwickelte sich zu einem der größten in ganz Deutschland. Wichtig war zunächst der Export nach Großbritannien, dem Mutterland der Industrialisierung. Bald stieg die Nachfrage aus den sich entwickelnden Ballungsgebieten in Deutschland. Mit der →*Eisenbahn* wurden die Tiere transportiert. Die im Viehhandel umgesetzten Summen bezifferten sich, hieß es 1890, „selbstredend nach vielen Millionen“. Geschäfte wurden durch Handschlag besiegelt. Mit den „Husumer Ochsen“ verband sich ein

Silhouetten an der Neustadt

Die ehemalige Verkaufshalle am Zingel

weithin anerkannter Qualitätsbegriff. Nicht zuletzt um eine mögliche Konkurrenz Hamburgs zu unterlaufen, entstand 1888 ein modernes Viehmarktgelände auf dem Platz nördlich der →*Neustadt* und des Schlossgartens. Der Höhepunkt wurde 1910 mit fast 80 000 Stück Fettvieh erreicht. Bei den Schafen lagen die höchsten Zahlen in den 1880er-Jahren bei etwa 30 000. Pferdemärkte sorgten zudem für Leben in der Stadt. Auf dem großen Platz westlich des Zingels wechselten rund 15 000 Ferkel jährlich ihre Besitzer. 1912 erbaute man hier eine Verkaufshalle, die noch heute steht.

Nach dem Zweiten Weltkrieg ging der Viehhandel zurück. Die „Totvermarktung" gewann Bedeutung. Seit den 1960er-Jahren besteht ein großer Schlachthof. Im November 1970 wurde der letzte Viehmarkt gehalten. Die Marktglocke ertönte nicht mehr. Auf dem einstigen Gelände entstand das →*Kreishaus*.

Wasserreihe

Die Wasserreihe verlief tatsächlich einmal unmittelbar am Wasser. Denn die heutige Hafenstraße wurde erst im 19. Jahrhundert angelegt. Genau an der Wasserreihe beginnt die für Husum so wichtige Geestkante, die Schutz vor hohen Wasserständen gewährte. Die vielfältig gegliederte, zugleich geschlossen wirkende Straße vermittelt ein Gefühl von Geborgenheit. Die besondere Atmosphäre der alten Hafenstadt lässt sich hier erleben. Am bekanntesten ist das Wohnhaus Theodor Storms (Nr. 31), ein altes Kaufmannshaus, das seit 1972 als Museum dient. Gemeinsam mit dem Nachbargebäude bildet es das →*Storm-Zentrum* zur Forschung und Information über den Dichter. Wer durch die Wasserreihe spaziert, kann an den hohen Kaufmannshäusern, den Speichern und an den kleineren Wohnhäusern manches Kleinod entdecken: Maueranker, Gesimse, Kranluken, schöne Türen, manchmal mit Klopfern versehen,

oder vorragende „Utluchten“. Besonders eindrucksvolle Zeugnisse der Husumer →*Baugeschichte* sind die Häuser Wasserreihe 5, 21 (Zahlenanker von 1594) und 46, die auch prächtige Türen aufweisen.

Wasserturm

Einen wichtigen Schritt in das moderne Zeitalter brachte der Stadt Husum 1902 die zentrale Wasserversorgung. Bis dahin bezogen die Husumer ihr Wasser aus mehr als 50 öffentlichen Pumpen und Brunnen; viele weitere befanden sich in privater Hand. Doch es bestand die Gefahr der Verschmutzung mit Exkrementen oder Abfällen. Die Cholera-Epidemie in Hamburg, die 1892 Tausende Menschenleben kostete, zeigte die Bedeutung hygienisch einwandfreien Wassers. Bereits 1891 wurden in Husum erste Versuchsbohrungen vorgenommen. Auf einem Geestausläufer in Rosendahl fand man schließlich ein zufrieden stellendes Wasseraufkommen. Seit dem Frühjahr 1902 floss in Husum frisches Wasser aus dem Wasserhahn – eine enorme Erleichterung des Lebens.

An der Nordwestecke des Schlossparks errichtete man nach Plänen des Architekten von Gerlach den 33 Meter hohen Wasserturm, der einen neuen Akzent in der Stadtsilhouette setzte. Der runde Backsteinturm mit einer Haube aus Schiefer steht auf einem achteckigen Sockel. Er diente bis

Das Husumer Stadtwappen ziert den Eingang des Wasserturms.

1961 zum Ausgleich von Schwankungen des Verbrauchs, konnte bis zu 350 Kubikmeter Wasser speichern und stellte den erforderlichen Druck im Leitungssystem her. Nach genau diesem Vorbild wurde später der Wasserturm in Pinneberg gebaut.

Der Turm dient heute zu Bürozwecken. Der einstige Wasserbehälter wurde zu einer Aussichtsetage umgebaut. Von hier bietet sich ein schöner Blick auf die Stadt, ihr Umland und das →*Wattenmeer.* Über dem Eingang empfängt das Husumer Stadtwappen die Besucher. Es zeigt in den Farben Gold-Rot-Blau – die auch die Farben Nordfrieslands sind – eines von einst wohl drei Stadttoren und in dessen Mitte die zwei Löwen des →*Herzog*tums Schleswig.

Wattenmeer

Bestimmend für Husum ist die Lage an der einzigartigen Natur- und Kulturlandschaft des Wattenmeers. 1985 wurde es zum Nationalpark erklärt, 2009 als Weltnaturerbe ausgezeichnet. Im Nationalpark-Haus in der Hafenstraße 3 werden vor allem naturkundliche Informationen vermittelt. Das NordseeMuseum im →*Nissenhaus* widmet sich insbesondere dem Küstenschutz und den →*Sturmfluten*. In der Umgebung bietet das Multimar-Wattforum in Tönning, in dem zum Beispiel Großaquarien zu sehen sind, ein lohnendes →*Ziel* für einen Ausflug. Wohl niemand hat das Wattenmeer schöner beschrieben als Theodor →*Storm*:

Erste Anlaufstelle für Informationen rund ums Wattenmeer: das Nationalpark-Haus

Meeresstrand

Ans Haff nun fliegt die Möwe,
Und Dämmrung bricht herein;
Über die feuchten Watten
Spiegelt der Abendschein.

Graues Geflügel huschet
Neben dem Wasser her;
Wie Träume liegen die Inseln
Im Nebel auf dem Meer.

Ich höre des gärenden Schlammes
Geheimnisvollen Ton,
Einsames Vogelrufen –
So war es immer schon.

Noch einmal schauert leise
Und schweiget dann der Wind;
Vernehmlich werden die Stimmen,
Die über der Tiefe sind.

Weihnachtshaus

In Husum kann man das ganze Jahr über Weihnachtsstimmung erleben. Im Haus Westerende 46 an der Ecke zur Nordbahnhofstraße wird seit 2008 auf über 300 Quadratmetern in einzigartiger Weise die Kulturgeschichte des Weihnachtsfestes in Deutschland präsentiert. Das privat geführte Museum zeigt in einem Kulturdenkmal aus der Gründerzeit mehrere Tausend Exponate aus der Sammlung der Verlegerin Alix Paulsen, einen der größten volkskundlichen Bestände zum Thema Weihnachten. Von den ersten Adventskalendern über Pfefferkuchenausstecher und Marzipanformen bis hin zu mit Warmluft betriebenen Weihnachtspyramiden reicht das Spektrum. Besondere Aufmerksamkeit gilt dem Erzgebirge als „Weihnachtsregion“. Zu bestaunen sind mehrere Weih-

Laden im Weihnachtshaus

nachtsbäume, einer davon geschmückt, wie Theodor →*Storm* es beschrieben hat. In einem historischen Laden aus der Zeit um 1890 kann man verschiedenste Artikel rund um Weihnachten erwerben.

Das Westerende ist eine typische Altstadtstraße. Im Haus Nr. 42 befand sich das Marschenbauamt, das für den Küstenschutz in Nordfriesland zuständig war. 1966 zog es in das jetzige Gebäude in der Nähe des Bahnhofs.

Wind

Der Name des Husumer Stadtteils Dreimühlen zeugt davon, dass im Gebiet der heutigen Stadt früher Windmühlen zum Getreidemahlen betrieben wurden. Heute spielt der Wind für Husum eine andere, nicht weniger wichtige Rolle, und zwar zur Gewinnung elektrischer Energie. Führende Hersteller von Windenergieanlagen sind hier vertreten. Die Stadtwerke betreiben seit 1991 in der Südermarsch einen Windpark, der schon von Weitem die Blicke fängt. Seit 1989 präsentierte sich die Messe „Husum Wind" alle zwei Jahre als Leitmesse der internationalen Windenergiebranche. 1997 wurde nach Plänen des Hamburger Architekten Bernhard Winking, der das neue →*Rathaus* entworfen hatte, eine moderne Messehalle errichtet. Auf dem Gelände des 2010 erbauten Nordsee-Congress-Centrums (NCC) wurden 2012 in acht Hallen 1170 Aussteller und 36 000 Besucher aus 90 Ländern gezählt. Husum galt als „Welthauptstadt" des Windes. Doch dann zog Hamburg die internationale Messe an sich. In Husum stehen ab 2015 vor allem der deutsche Markt und benachbarte Regionen im Blickpunkt.

Auch für einen weiteren wichtigen Wirtschaftsfaktor spielt der Wind eine große Rolle: Husum-Touristen wissen es zu schätzen, dass hier der frische Wind der Nordsee weht.

Das NCC – Schauplatz der „Husum Wind"

Zeitungen

Seit über zwei Jahrhunderten ist Husum eine Zeitungsstadt. Im Jahre 1813 erschien zum ersten Mal das Gemeinnützige Wochenblatt für Husum und die umliegende Gegend. Aus diesem unscheinbaren Blättchen gingen schließlich die heutigen Husumer Nachrichten hervor.

Das erste Wochenblatt umfasste nur wenige Seiten im Gesangbuch-Format, enthielt Aufsätze im Plauderton und einige Bekanntmachungen. Seine Druckerei führte der aus Sachsen stammende Zeitungsgründer Heinrich August Meyler (1774–1835) in der Krämerstraße 6 neben dem Haus des Buchbinders Delff, seines Schwiegervaters. Der aus Friedrichstadt stammende Johann Georg Jebens (1817–1894) baute den Betrieb aus, der sich ab 1856 an der Ecke Hohle Gasse/Wasserreihe befand.

Seit 1873 erschien in Husum eine weitere Zeitung. In der „Gründerzeit" des Deutschen Kaiserreichs wagten zwei junge Buchdrucker den Schritt in die Selbstständigkeit. Der Aufstieg der neuen Husumer Nachrichten ist mit dem Namen Friedrich Petersen aus Kappeln verknüpft, der die Zeitung 1892 übernahm. Die Firma, seit der Jahrhundertwende in der Großstraße 9, wuchs zu einem Betrieb mit 25 Mitarbeitern. Die Regierung in Schleswig stufte die Husumer Nachrichten als „freisinnig" ein.

Als „nationalliberal" wurde dagegen die Konkurrenz am Orte, das Husumer Wochenblatt, eingeschätzt. Zunächst lag es mit 2000 gedruckten Exemplaren weit vorn, wurde dann jedoch von den Husumer Nachrichten überflügelt. Seit 1911 erschienen beide Blätter täglich mit Ausnahme des Montags, bald des Sonntags. Mit der rasanten technischen Entwicklung hielten sie Schritt. 1905 wurden die ersten Setzmaschinen angeschafft. C. P. Christiansen, Herausgeber des Wochenblatts, schrieb: „Vorstellen kann ich mir freilich nicht, daß das kommende Jahrhundert auf technischem Gebiet in dem gleichen Tempo Fortschritte machen wird, wie es das letzte getan hat. Das würden die Nerven der Menschen kaum aushalten."

Im Jahre 1927 übernahmen die Husumer Nachrichten die ältere Zeitung und konnten über sich schreiben: „In Marsch und Geest, in Land und Stadt /

und Halligwelt das Heimatblatt". Lokalredakteur war der weithin bekannte Felix Schmeißer (1882–1953). Im Dritten Reich wurde die Presse geknebelt. Mehrere Blätter gingen in den Husumer Nachrichten auf, die zur Zeitung für den ganzen Südteil Nordfrieslands wurden.

Nach dem Zweiten Weltkrieg entwickelte sich eine Konkurrenz mit dem Flensburger Zeitungsverlag, der die Husumer Tageszeitung herausgab. Die Husumer Nachrichten konnten seit 1949 wieder erscheinen. Seit 1958 wurden sie geprägt von Helmut Sethe (1929–1983), der die Zeitung als Chefredakteur zu einem kritischen Blatt mit liberalem Profil machte. 1970 verkaufte der Verleger Carl Iselt die Husumer Nachrichten an das Flensburger Zeitungshaus, und bald nach Sethes Tod ging die redaktionelle Selbstständigkeit verloren. In der Gegenwart gehören sie zum Schleswig-Holsteinischen Zeitungsverlag. Seit über 40 Jahren befinden sich Redaktion und Geschäftsstelle am →*Markt* 23. Als wöchentliche Anzeigenblätter erscheinen die Nordfriesland Palette (seit 1973) und Die Wochenschau.

Die Geschäftsstelle der Husumer Nachrichten am Markt 23

Ziele in der Umgebung

Husum ist ein sehr geeigneter Standort für Ausflüge in die Umgebung – ob zu Fuß, mit dem Fahrrad, der →*Eisenbahn* oder dem Auto. Einer der schönsten Spaziergänge führt an oder auf dem Deich zum →*Dockkoog*. Von hier kann man weiter nach →*Schobüll* laufen oder fahren.

Vor den Toren der Stadt liegt im Norden das „Schimmelreiter Land". Die Deiche und Bauernhöfe der Hattstedtermarsch bilden den Hintergrund für →*Storms* bekannteste Novelle, die zu einem „Nationalepos" der →*Friesen* wurde. Über deren Kultur, Geschichte und Sprache informiert das Nordfriisk Instituut in Bredstedt.

An das finsterste Kapitel der deutschen Geschichte erinnert die Gedenkstätte für das ehemalige Konzentrationslager in Schwesing, etwa fünf Kilometer östlich von Husum an der Bundesstraße nach Flensburg gelegen. Idyllische Ausflugsziele bieten Schwabstedt an der Treene, in dessen schöner Kirche der Altar aus der alten Husumer →*Marienkirche* zu bewundern ist, oder das 1621 gegründete „Holländerstädtchen" Friedrichstadt.

Eine gewachsene Kulturlandschaft ist die Halbinsel Eiderstedt, in der sich die Weite der nordfriesischen Marsch erleben lässt. Sehenswert sind die Kirchen – nicht weniger als 18 auf kleinem Raum –, das Herrenhaus Hoyerswort oder der Rote Haubarg, aber auch die Städte Tönning und Garding sowie das Nordseebad St. Peter-Ording mit seinem weiten Strand und der berühmte Leuchtturm von Westerhever.

Die einstige Insel, jetzige Halbinsel Nordstrand ist über den 1935 gebauten Straßendamm erreichbar. Vom Hafen Strucklahnungshörn aus geht es auf die Marschinsel Pellworm. Unbedingt sollte man von Strucklahnungshörn oder von Schlüttsiel auf dem Festland aus eine der weltweit einzigartigen Halligen besuchen. Im Sommer werden Wattwanderungen zum Beispiel nach Südfall oder Nordstrandischmoor angeboten. Als Tagesausflüge sind empfehlenswert Schiffstouren nach Föhr und Amrum oder eine Eisenbahnfahrt über den Hindenburgdamm nach Sylt. Auch Helgoland ist eine nordfriesische Insel, obgleich sie nicht zum Kreisgebiet gehört. Ganz im Norden des nordfrie-

In der Hattstedtermarsch, Schauplatz der Storm-Novelle „Der Schimmelreiter"

sischen Festlandes werden in Seebüll die Werke des weltberühmten Expressionisten Emil Nolde gezeigt. Von hier ist es nicht weit ins dänische Nachbarland. Nur drei Kilometer nördlich der 1920 gezogenen Grenze liegt Tondern, die älteste Stadt Dänemarks.

In einer etwa dreiviertelstündigen Autofahrt ist von Husum aus außerdem die Ostseeküste erreichbar, etwa die alte Grenz- und moderne Universitätsstadt Flensburg, das Schloss in Glücksburg oder die Landesmuseen in Schleswig.

Zitate

Heinrich Rantzau, Statthalter, 1597: „Heute ist es durch die Zahl seiner Bürger, der vielseitigen Meister, ... durch den Seehandel, die stattlichen Wohnhäuser, die Fruchtbarkeit des Bodens, die üppige Viehmast, die Schiffbarkeit des Eider- und des Heverstroms eine wohlhabende Stadt, weithin bekannt und eine Nebenbuhlerin Flensburgs. Husum hat einen Handelshafen, der für seinen Warenumsatz berühmt ist ... Die Bürger sind ganz überwiegend kultiviert, vertraut mit feiner Lebensart und Bildung ..."

Georg Friedrich Schumacher, Lehrer, 1841: „... ein Landstädtchen, ohne bedeutende Beamte, ohne viele Gelehrte, voll Kleinstädterei und prosaischer Befangenheit und Eingenommenheit der Bürger für Alles, was Husumsch war; aber doch dies Alles gleichsam potenziert zu einer höhern Stufe ... Dabei herrschte eine gutmütige Gastfreiheit, große Liberalität in der Bewirtung, und bei allem dem: Sünigkeit, wie sie es nannten, d. h. vernünftige Sparsamkeit, welche es sich nicht verstattet, in den Tag hinein zu leben."

Theodor Mügge, Schriftsteller, 1846: „Die alten roten Backsteinhäuser der Stadt mit ihren Giebeln und Vorsprüngen wie die beschnittenen Lindenbäume vor manchen Türen zeugen noch jetzt von niederländischer Bauart und Sitte."

Moritz Busch, Publizist, 1856: „Husum, die letzte Stadt nach Süden hin, wo man bisweilen noch Friesisch reden hört, ist nicht nur größer, sondern auch beträchtlich vornehmer als Bredstedt. Man bemerkt sofort den Einfluss des Hafens und der Eisenbahn."

Ernst Willkomm, Schriftsteller, 1863: „Von allen Städten Schleswigs, die ich sah, machte diese Hafenstadt an der Hever-Aue den Eindruck der ältesten im ganzen Lande."

Adelbert v. Baudissin, Schriftsteller, 1865: „Enge Straßen, spitze Giebel, Herden von Ochsen und Schafen, ein Hafen, der zur Ebbezeit wasserleer ist, ... Storchnester und eine Gegend, die so flach ist wie der Bogen Papier, auf dem ich schreibe, können jeden zur Verzweiflung bringen. ... Ich kann mir nicht helfen, sollte ich in Husum leben, so würde ich mich für den unglücklichsten aller Erdenbewohner ansehen und am Spleen zugrunde gehen."

Theodor Storm, „In St. Jürgen", 1867: „Es ist nur ein schmuckloses Städtchen, meine Vaterstadt; sie liegt in einer baumlosen Küstenebene und ihre Häuser sind alt und finster. Dennoch habe ich sie immer für einen angenehmen Ort gehalten, und zwei den Menschen heilige Vögel scheinen diese Meinung zu teilen. Bei hoher Sommerluft schweben fortwährend Störche über der Stadt, die ihre Nester unten auf den Dächern haben; und wenn im April die ersten Lüfte aus dem Süden wehen, so bringen sie gewiss die

Schwalben mit, und ein Nachbar sagt's dem anderen, dass sie gekommen sind."

Städtischer Verwaltungsbericht, 1871: „Ein großer Teil der Gebäude stammt aus vergangenen Jahrhunderten und gibt mit den treppenförmig hochaufsteigenden Giebeln der Stadt ein altertümliches Aussehen."

Edmund Höfer, Schriftsteller, 1880: „Es ist ein bescheidener und altmodischer – nicht altertümlicher Ort mit einsamen Straßen und einem noch einsameren alten Schloss ..."

Franziska zu Reventlow, Schriftstellerin, 1893: „Da lag sie ja schon, die kleine ‚graue Stadt am Meer' mit ihrem runden Kirchturm. ... Da floss die Au mit ihrem trüben, grauen Wasser, da lag die Mühle mit ihrem Bach, den wir als Kinder für einen Wasserfall hielten, da lag der alte ausrangierte Bahnhof, an dem wir vorüberfahren mussten, da war der Hafen, der Deich, das Meer."

Topographie des Herzogtums Schleswig, 1906: „Husum (hat) während der letzten Jahrzehnte durch Neubauten und mancherlei Verschönerungen ein freundliches Aussehen gewonnen und (macht) in bemerkenswerter Weise den Eindruck zunehmenden Wohlstandes und abermaligen Aufblühens."

Brar Riewerts, Heimatforscher, 1969: „Sie ist eine Seestadt mittlerer Größe und entstand an der Stätte, an der friesisches, jütisches und niedersächsisches Volkstum sich begegneten, und ihre Geschichte ist unlösbar mit dem nordfriesischen Küstenschicksal verbunden. Große Sturmfluten vom Mittelalter bis in die Neuzeit hinein haben tiefgreifende Veränderungen in diesem Küstengebiet verursacht, wodurch der Ortschaft Husum Vorteile und Nachteile erwachsen sind."

Ulf v. Hielmcrone, Husum-Kenner, 2001: „Ein wenig Residenzstadt, ein bisschen Hansestädtisches, ein Quäntchen Fischerdorf, ziemlich viel Landstadt, eine Prise Industriearchitektur, auch des 19. Jahrhunderts, und ein erträgliches Maß an ‚Modernität', das ungefähr ist das Rezept, nach dem über die Jahrhunderte das Stadtbild herangereift ist."

Karl Ernst Laage, Storm-Kenner, 2008: „Husum ist eine bunte graue Stadt. Überall wechseln sich – wenn man so will – ‚bunt' und ‚grau', ‚modern' und ‚altertümlich' miteinander ab. Die bunte Farbigkeit und Vielfalt hat heute das zu Storms Zeit herrschende ‚Grau' abgelöst."

Uwe Schmitz, Bürgermeister, 2014: „Husum ist eine wunderbare Stadt, die sich in den letzten Jahrzehnten prächtig entwickelt hat. In Husum ist der ‚Spagat' zwischen erhaltenswerter Tradition und neuzeitlicher Entwicklung immer gut gelungen – ein Verdienst der engagierten Menschen hier vor Ort. Ein klein wenig ‚Luft nach oben' sehe ich da lediglich manchmal, was den respektvollen und wertschätzenden Umgang der Menschen miteinander angeht."

Zum Schluss: Chronik

8. Jh.: →*Friesen* suchen den Husumer Raum auf.
1305: Kapelle in →*Schobüll* erwähnt
1319: erste Erwähnung von →*Rödemis*
1362: schwere →*Sturmflut* („Mandränke")
1409: erste Erwähnung von Husum
1431: Erlaubnis zum Bau einer Kapelle
1436: Baubeginn der →*Marienkirche*
1438: erste Erwähnung einer →*Schule*
1448: weitgehende Loslösung von der Mildstedter Kirche
um 1450: Gründung des Hospitals St. Jürgen (→*Kloster*)
1453: Husumer Bier genannt
1465: Husum ist „Blek" (Flecken).
1472: Die Husumer beteiligen sich am scheiternden Aufstand gegen König Christian I.
vor 1495: Porrenkoog eingedeicht
1495: Franziskanerkloster gegründet
1508: Wochenmarkt erwähnt
um 1510: →*Marienkirche* fertig, höchster Turm im Herzogtum Schleswig
1526: Ausbau des →*Hafens*; →*Neustadt* eingemeindet
1527: Reformation in Husum
1540 und 1549: große Brände in der Ortsmitte
1558: Marktordnung
1566: Die Pest fordert fast 1500 Todesopfer.
1577–82: Bau des →*Schlosses vor Husum* durch den Gottorfer →*Herzog* Adolf
1582: Husum wird „Weichbild".
1601: Bau des →*Rathauses*
1603: Husum erhält Stadtrechte; erneute Pestepidemie.
1629: 7000 Mann der kaiserlichen Truppen in Husum einquartiert
1634: zweite „Mandränke"
1684: Mit dem Tod der Herzoginwitwe Maria Elisabeth endet eine kulturelle Blütezeit.
1721: Ende der Gottorfer Herrschaft im Herzogtum Schleswig
1738: „Commerce-Collegium" (heute Commerzium) zur Wirtschaftsförderung gegründet
1751/52: barocke Umgestaltung des Schlosses
1807/08: Abriss der alten →*Marienkirche*
1813: Gründung der ersten →*Zeitung*
1817: Theodor →*Storm* geboren
1829–33: neue →*Marienkirche* errichtet
1844–46: Chausseen von Husum nach Flensburg, Tönning, Friedrichstadt und Schleswig
1848: →*Dockkoog* eingedeicht
1852: großer Brand an Schiffbrücke und Umgebung
1854: erste →*Eisenbahn* Flensburg–Husum–Tönning
1858: erstes →*Sperrwerk*; Chaussee nach Bredstedt
1863: Gasanstalt
1864: Ende der Verbindung mit Dänemark
1867: Husum wird Kreisstadt des Kreises Husum; Bau des Königlichen Gymnasiums; Mühlenteich abgelassen
ab 1870: weiterer Ausbau des →*Hafens*
1876: Bau einer zentralen Volksschule, heute Bürgerschule
1880: Storm verlässt Husum, er stirbt 1888 in Hademarschen.
1883: Krankenhaus eröffnet
1887: Anschluss an die „Marschbahn"

1888: neuer →*Viehmarkt* eröffnet
1890: Kaiserliches Postamt in der →*Großstraße*
1898: →*Denkmal* für Theodor Storm
1899: →*Ostenfelder Bauernhaus* nach Husum überführt
1902: Nordfriesischer Verein in Rödemis gegründet; →*Tine* eingeweiht
1902/03: zentrale Wasserversorgung, Bau des →*Wasserturms*
1903: großes „Heimatsfest" zum 300-jährigen Stadtjubiläum
1904: erster Autobesitzer in Husum
1905: neues Amtsgericht in der Theodor-Storm-Straße
1908: Elektrizitätswerk; „Fall Schücking" (→*Persönlichkeiten*)
1910: neuer Bahnhof eröffnet
1914–18: 400 Todesopfer im Ersten Weltkrieg
1919: erste weibliche Stadtverordnete
1927: Am Husumer Gymnasium macht erstmals ein Mädchen das Abitur.
1928/29: Bau des Finanzamts und des Zollamts
1933: Die NSDAP erzielt in Husum 49,1 % der Stimmen.
1937: →*Nissenhaus* eingeweiht
1938: Rödemis und Osterhusum eingemeindet
1939: Theodor-Storm-Jugendherberge eröffnet, im Krieg ist sie Notlazarett.
1939–45: über 500 Todesopfer im Zweiten Weltkrieg
1940: Husum wird Garnisonsstadt.
1944: In drei Monaten sterben über 300 Häftlinge des KZ Schwesing.
1948: →*dänische* Schule gegründet
1949: höchste Einwohnerzahl durch den Zustrom von Flüchtlingen und Vertriebenen: 25 500
seit 1956: Ansiedlung der Bundeswehr; Fischereihafen an der Rödemishallig
1962: Sturmflut, schwere Schäden am →*Dockkoog*
1964: Bau eines Versandschlachthofs
1967: erstes Gewerbegebiet eröffnet
1970: Husum Kreisstadt des neuen Kreises Nordfriesland; letzter Viehmarkt
1972: Storm-Museum eröffnet (→*Storm-Zentrum*); →*Kreishaus* fertiggestellt
1974: neues →*Sperrwerk*; Hallenbad eröffnet
1975: Husumhus eröffnet
1977: neue Eisenbahnbrücke über den Hafen
1978: erster Motorradmarkt zu Ostern
1979: Gebäude der Husumer Brauerei am Schlossgang abgerissen
1982: erste Husumer Hafentage
1989: neues →*Rathaus* fertig; erste →*Windmesse*; →*Schiffahrtsmuseum* eröffnet
1991: Umgehungsstraße eröffnet
1996: Husum Erholungsort
1997: Messehalle eröffnet
2000: Konkurs der 1947 gegründeten Schiffswerft; seitdem werden in Husum keine Schiffe mehr gebaut, wohl aber repariert.
2001: neue Straßenbrücke über den Hafen
2003: 400-jähriges Stadtjubiläum
2007: Schobüll eingemeindet
2010: Nordsee-Congress-Centrum (NCC) eröffnet
2014: Die 1962 eröffnete Thordsen-Kongresshalle wird abgerissen.

Literaturauswahl

Jedem Husum-Interessierten sei als erste Lektüre empfohlen:

Ulf v. Hielmcrone: Husum. Kleiner Führer durch die Stormstadt, 3. Auflage, Husum 2001.

Weitere Hinweise:

Beiträge zur Husumer Stadtgeschichte. Hrsg. von der Gesellschaft für Husumer Stadtgeschichte 1 ff. (1988 ff.).
Holger Borzikowsky: Husum in alten Bildern, Heide 1993.
Holger Borzikowsky: Im Schloss vor Husum. Sinnbild, Sage und Spuk, Husum 2009.
Jürgen Dietrich und Ulf Dietrich v. Hielmcrone: Husum gestern und heute, Husum 1985.
Oliver Franke und Karl Ernst Laage: Buntes Husum. Bilder einer lebendigen Stadt, Heide 2008.
Thomas Friedrichsen: Husumer Geschichten, Erfurt 2005.
Geschichte Husums. Von den Anfängen bis zur Gegenwart. Hrsg. von der Gesellschaft fur Husumer Stadtgeschichte. Mit Beiträgen von Hans Joachim Kühn, Albert Panten, Klaus Schumacher, Fiete Pingel, Christian M. Sörensen, Thomas Steensen und Holger Borzikowsky, Husum 2003.
Konrad Grunsky (Hrsg.): Schloß vor Husum, Husum 1990.
Ulf v. Hielmcrone: Husum. Stadt zwischen gestern und morgen, Husum 1970.
Ulf v. Hielmcrone u. a.: Husum. Bild und Geschichte einer Stadt, Husum 1974.
Ulf v. Hielmcrone: Doch hängt mein ganzes Herz an dir... Spaziergänge durch die Storm-Stadt, Rostock 2001.
Ulf v. Hielmcrone: Das Schloss vor Husum, 2. Aufl., Berlin/München 2012.
Hans Hoffmann: Husum. Bild einer Stadt. Mit Texten von Jürgen Dietrich und Konrad Grunsky, Husum 1991.
Uwe Iben: Der Husumer Hafen, Husum 2004.
Horst Kutzer (Hrsg.): Husum. Ein Lesebuch, Husum 1985.
Karl Ernst Laage: Theodor Storms Welt in Bildern, Heide 1995.
Brar V. Riewerts: Die Stadt Husum in Geschichte und Gegenwart, Husum 1969.
Jürgen Schlüter: Vom Gasthaus zum Ritter St. Jürgen und von der Klosterrechnung, Husum 2009.
Schobüll. Eine Chronik in Berichten und Geschichten, Husum 2014.
Thomas Steensen: Heimat Nordfriesland. Ein Kanon friesischer Kultur, 2. Aufl., Bräist/Bredstedt 2013.

Die Autoren

Prof. Dr. Thomas **Steensen** ist seit 1987 Direktor des Nordfriisk Instituut in Bredstedt und lehrt an der Europa-Universität Flensburg. Von ihm stammen zahlreiche Veröffentlichungen zur Geschichte, Kultur und Sprache Nordfrieslands. Er lebt in Husum.

Günter **Pump**, geb. 1941 in Ulm, kam als Kind nach Schleswig-Holstein und lebt seitdem in Dithmarschen. Er lernte zunächst Schriftsetzer, machte sich dann aber als Fotograf mit zahlreichen Bildbänden, Kalendern und Kochbüchern, davon allein über 100 in der Verlagsgruppe Husum, einen Namen.

Inhalt

Umschlaggestaltung unter Verwendung von Motiven aus dem Buch

Der Verfasser dankt herzlich Herrn Holger Borzikowsky, ehrenamtlicher Archivar, Kenner der Husumer Stadtgeschichte und Kultur, der den Text gegengelesen hat.

Bibliografische Information der Deutschen Nationalbibliothek
Die Deutsche Nationalbibliothek verzeichnet diese Publikation in der Deutschen Nationalbibliografie; detaillierte bibliografische Daten sind im Internet über http://dnb.dnb.de abrufbar.

Straßenplan mit freundlicher Genehmigung der Stadt Husum

Gesamtherstellung: Husum Druck- und Verlagsgesellschaft
Postfach 1480, D-25804 Husum – www.verlagsgruppe.de
ISBN 978-3-89876-720-0

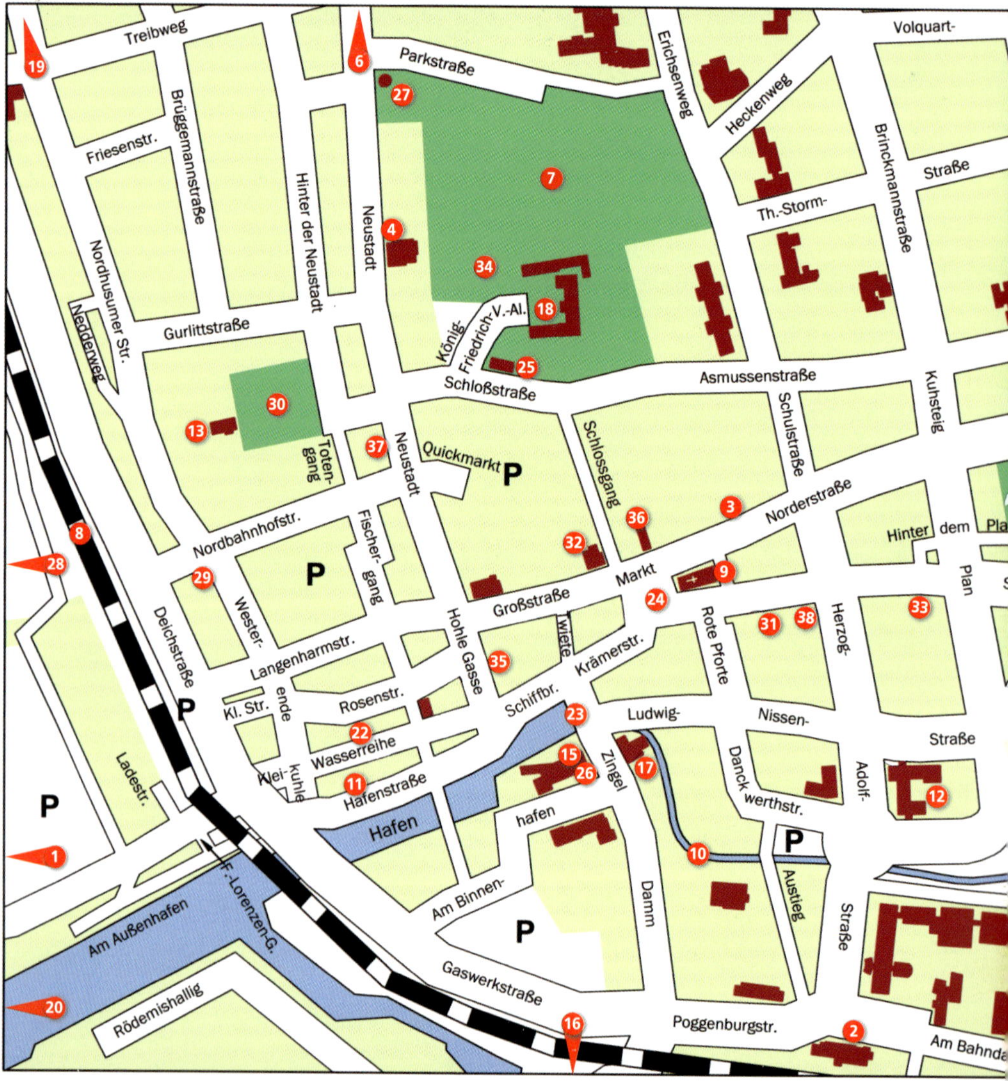

Treibweg
Parkstraße
Erichsenweg
Volquart-
Heckenweg
Brinckmannstraße
Straße
Friesenstr.
Brüggemannstraße
Hinter der Neustadt
Neustadt
Th.-Storm-
Nordhusumer Str.
Nedderweg
Gurlittstraße
König-Friedrich-V.-Al.
Schloßstraße
Asmussenstraße
Kuhsteig
Schulstraße
Schlossgang
Toten-gang
Neustadt
Quickmarkt
P
Norderstraße
Hinter dem
Nordbahnhofstr.
Fischer-gang
P
Markt
Plan
Großstraße
Wester-
Deichstraße
Langenharmstr.
Hohle Gasse
wiete
Krämerstr.
Rote Pforte
Herzog-
Kl. Str.
ende
Rosenstr.
Schiffbr.
Ludwig-
Nissen-
Straße
P
Wasserreihe
Klei-kuhle
Zingel
Danckwerthstr.
Adolf-
Hafenstraße
Hafen
hafen
P
Ladestr.
P
F.-Lorenzen-G.
Am Außenhafen
Am Binnen-
P
Damm
Austieg
Straße
Gaswerkstraße
Rödemishallig
Poggenburgstr.